談∞判是無限賽局

上千企業指定名師
教你創造長久利益的123法則

李思恩／著

目次

PART 1

實戰布局篇

掌握談判心法，超前布署全局

PART 2

實用工具篇

活用談判撇步，擊破各個難題，讓你見招拆招

PART 3

實況問答篇

重磅名師指點迷津，打通談判的任督二脈

推薦序／

談判就像跳一支雙人舞

Miula

就我個人的職場經驗來說，我認為「談判」這個能力，幾乎是人人都該具備的。若能夠具有良好的談判力，不管對外合作或公司內部的協調，都會帶來很大的幫助。當然，有談判能力的人，通常也擅長把這樣的能力帶進生活中，替自己創造出更好的情境。

然而，即使知道談判能力很重要，但很不幸的卻是，大多數人從小到大的學習歷程中，都沒有修到談判這堂課。這也導致了很多人即使知道談判很重要，但等到真的需要談判的時候，常常談得亂七八糟，結束後才後悔自己犯了那些錯。當然，通常進入後悔的階段，就已經來不及了，要不是必須接受談判失敗的苦果，要不然就得推翻談判結果，降低自己的信用度。所以，學習怎麼把「談判」做好，真的是所有職場工作者，都不能馬虎的一門功課。

本書作者李思恩老師與我相識已久，擁有多年的企管實戰經驗。這次所推出的《談判是無限賽局：上千企業指定名師教你創造長久利益的123法則》，光是書名就深得我心。所謂的無限賽局，其實是一種看事情的心態，把眼光放在長線的利益，而非單一次交鋒的輸贏。這種心態可說是所有談判高手的核心心法——不能贏了一場戰役，卻輸了整場戰爭。

例如，若老闆交代你一份困難的工作，你因為怕失敗、不想承擔責任，所以透過強硬的談判手段，推卸最困難的部分，將其交給其他部門。短期內，看起來你是個贏家，因為替自己爭取到不錯的任務條件；但以長線來看，老闆很可能也會記住你這次所展現出來的態度，而此印象對你的長期發展未必有利。

跟外部廠商談判的時候也相同，為什麼俗語說「做人留一線，日後好相見」。因為多數時候，我們希望能夠跟合作廠商長久地合作下去。從經營管理的角度來看，這可以避免承擔營運的「轉換成本」。然而，如果你永遠在談判時，把對方壓得死死的，讓對方無法獲得足夠的利潤，那等到哪一天他們有更強的談判籌碼時，就換對方站在談判桌上，把你踩在腳下了。追求單點或長線的最佳化，會導致你的想法與格局完全不同，而這正是無限賽局心態能夠幫助我們的。

當然，在學習談判能力的時候，也不能只有正確的心態而已，還必須學到確切的技術，否則實戰時還是會很吃虧。而這正是這本書，可以提供讀者的另一個面向。舉例來說，如何在談判前，找出對方真正要的東西，這是非常重要的能力。如果你一開始就能知道對方要的是什麼，就更容易提出「對方無法拒絕的條件」，不是嗎？不過若從頭到尾，你都沒搞懂對方要什麼，那最後雞同鴨講、談判破局的機率，就會非常高。

這種狀況在職場上最常見的場合，就是談加薪的時候了。在談薪水的時候，很多工作者，喜歡談自己多辛苦、多努力、負責的東西多麼成功。但老實說，薪水在老闆眼中，通常是為了創造未來，而非獎勵過去的工具。對於老闆來說，要給高薪的條件，是確保這個人未來能創造出「更高」的價值，而非過往是否很努力。當你今天在談判桌上，懂得老闆心態的話，就能讓他知道用高薪把你留下來，你在明、後年能夠替公司創造什麼厲害的新產品與新機會，可以替公司創造多少獲利，這樣你獲得加薪的機率，絕對比你把過去一年的所有苦勞都列點，然後大吐苦水還高得多。

我自己年輕時，曾以為談判就是理直氣壯，只要自己在談判桌上最有道理，就會在談判上勝出。現在回想起來，那還真是不成熟的想法。隨著經驗慢慢累積，我也開始逐漸體會到，談判的重點不在自己，也不完全在對方，而是兩方一起跳的一支雙人舞。但是要跳好舞，基本的舞步還是得學好，免得一腳踩在對方腳上，同時讓兩個人出糗。李思恩老師的這本談判書，無論在心態或技巧上，都有很完整的經驗分享，對於想要學習談判的人，會是一本很好的入門指南。

（本文作者為M觀點創辦人）

推薦序／

人人都用得上的談判課

許景泰

一說到「談判」二字，你可能會認為用不上、太嚴肅，甚至誤以為這是上桌談判才需要的技術，談判實在離你我太遠。不過，事實剛好與我們的認知背道而馳。每一天「談判」的場景不斷在發生，試想你買東西、買車、買房、談加薪、談升遷、談各種合作，甚至人生在做任何的抉擇、爭取更多資源時，這一切都跟談判技術高度相關。

千萬別輕忽每天不斷上演的大小談判，因為不懂、忽略談判價值的人，再好的機會也將跟你無緣。

回想年輕氣盛時的自己，常犯談判時動了氣，不懂察言觀色，只爭一時口舌之快，卻忘了最終真正想要的結果。後來，我在大大學院跟李思恩老師學習，才發現談判其實有一套核心的要領和操作技巧。本書不藏私地揭露多年來李思恩老師有效的談判技術，操作性強，好懂又用得上，我深深受用，一定要推薦你。

當遇到對方一味殺價，你會怎麼辦呢？

銷售、做生意，談判的技術絕對派得上用場。只是談判終究有所謂高低之分，取得的成果差異極大。

三流的銷售員往往在不懂銷售談判下，一味地害怕失去訂單，總讓客戶無情的殺價、砍價。最後哪怕真的成交了，利潤也沒了，最終客戶也養成跟你討價還價的惡習。

二流的銷售員則是略懂一些小聰明的談判技巧。知道客戶會跟你討價還價，就表示客戶對你是感興趣的。但銷售員只要一沉不住氣，在過程中就會不經意透露自己的底牌。當對方摸透你底細後，你只能任人宰割，釋出過多的籌碼。

一流的銷售員，懂得識人，更懂得將計就計。在談判中，能看清客戶的真實意圖，有時以退為進，卻不忘守住底線，總可以在談判中令客戶滿意，也能取得自己要的利益，最終創造多贏的局面。

談判是一種藝術，也是一種科學!?

我遇過有些壞人，常透過虛張聲勢，利用談判欺負人，只為獲得自身私利。你是否也遇過奧客、爛客、壞人，跟你不講理地硬來、硬凹，而且還硬要跟你談判的鬧事之人？甚至我曾遇過談判中，利用威脅、恐嚇、告你上法院，無所不用其極的壞人！這到底該怎麼應對？如何善用談判技術就備顯重要！

我認為學會談判技術一生必定受用，不僅能保護到自己，也可以讓自己在工作、日常生活、商業利益、人生機會上創造更大的價值。本書內容也教你如何更進一步地做到雙贏格局、爭取到更大合約，為你贏得人生的無限可能。

數十年來，李思恩老師在兩岸上千家知名企業授課，身經百戰的他，如今願意把多年來實際指導、教授各大企業的談判實戰技巧、談判工具，毫無保留地一次在本書中無私傳授。

取得這本談判寶典，你就能練就一身實用的談判武功。別再被人欺負、別再被客戶亂殺價，當你遇到奧客時，也懂得如何自保了。好好運用課程中諸多用得上的談判技術，為自己創造更多機會，才能成為真正的天生贏家。

（本文作者為大大學院CEO）

推薦序／簡單強大的談判工具，給力爭上游的你

葉奇鑫

我曾經擔任檢察官，也曾擔負幾家網路公司的高階經理人，現在則是法律事務所的老闆，也是幾家公司協會的董事和理事長。對我來說，談判就像空氣般的存在，有時並未意識到自己正在談判，但談判的結果又影響深遠。

也許是自我感覺良好，我「自認」是個談判高手，但並不喜歡別人發現這個祕密，因為如果讓對方意識到這是一場談判，而自己正在使用談判技巧「馴服」他，對手的警覺心自然升高，而我也就沒有那麼容易達成自己的談判目標了。

不過，雖然我「自認」是個談判高手，擁有豐富的談判經驗和「心法」，但每當後輩向我請益談判技巧時，自己卻又無法有系統地傳授，這可不是無招勝有

招，而是我對談判的思考還沒有達到爐火純青的境界。真正懂一門學問的專家，才能有系統地將虛無飄渺的經驗轉化成知識體系，再用正確的方法將濃縮後的精華傳授給他人，這就是本書作者比我高明之處。誰說經驗無法傳承？那是因為你沒有碰到對的老師。

思恩是我的高中同班同學，我們班是國語文資優班，所以思恩的文筆流暢自然不在話下。思恩是個開朗、誠懇、謙虛的人，他的人格特質非常適合談判，哪怕是再刁鑽的談判對手，也會喜歡、信任他，最後選擇和他合作，共創雙贏。而「雙贏」正是本書的核心思想，也是談判的終極目標。

核心思想固然重要，但它畢竟是個抽象的概念，如何落實才是真學問。而本書所教授的「ＡＢＣ談判架構工具表」，正是幫助落實雙贏談判策略的祕密武器。談判可不是件輕鬆事，臨場應變固然重要，但事前的準備更不可少。這個計畫表可以讓談判新手在腦袋一片混亂時，有系統地解析對手和談判情境，並有條理地制定出最佳談判策略，毫無章法是談判大忌，讓心沉澱下來則需要科學方法。博弈理論太高深和複雜，我們正需要一個簡單而強大的工具。

雖然我「自認」是個談判高手，但在閱讀本書後，也決定採用此表作為自己準備談判的工具，也要將這個超級工具推廣給我事務所的律師，還有身邊正苦於談判困境，卻不知如何突破的年輕朋友。

真心推薦本書給力爭上游的你。

（本文作者為達文西個資暨高科技法律事務所所長、中華民國電腦稽核協會理事長）

推薦序／

雙贏才能讓對方上談判桌，共贏一場場生活賽局

張敏敏

一聽到「談判」二字，許多人腦中浮現的是「心機」「對抗」「壓力」。但其實，我們的人生和工作，都是由一場場談判所堆疊出來的結果。從決定是否順便幫朋友買瓶飲料，大到幫自己購屋、買車，嚴肅到如找工作、談升遷，這些都是和人「談」出來的結果。既然是談，就要知道如何布局，就得了解如何準備工具，思恩老師在《談判是無限賽局》一書，都幫你準備妥當。

本書開啟章節是〈實戰布局篇〉，作者很清楚地告訴我們，談判目的是追求雙贏。為了追求這樣的目的，心理狀態就必須準備好。包括關係的建立和維護、

清晰知道自己的籌碼，以及對方的在乎，這些都是讓對方願意上談判桌，並彼此互利的關鍵。

〈實用工具篇〉中，談到環境布局、細膩地掌握對方的溝通類型、肢體語言、聲音情緒，並適時反應，這是絕對成功的關鍵。這一單元包括：具有深度的SPIN提問法，以及「潛在的最後協議區域」的發現及運用，對讀者，也包括我自己，都是深具引導意義的提醒。

我身為中華民國談判管理學會會員，閱讀許多談判的國內外書籍，李思恩老師的《談判是無限賽局》，透過俯拾的小故事，將生硬的談判技巧予以揉合，讀來特別適合台灣人情，並適用在你我職場。溝通力就是決戰力，這本書有工具、技巧，展頁就將十幾年大師的江湖功力，盡數吸取。過癮！過癮！

（本文作者為JW智緯管理顧問公司總經理）

好評推薦

李思恩老師是我多年老友，無論從學校到職場，他的觀察和見解始終保持超然卓越。國內外談判的書籍我看了很多，大多數充滿深奧的理論，以及難以運用的描述。一口氣將這本書讀完，有三點我非常喜歡的地方：一、大量的案例：書中引用大量的案例，幾乎都是「自己的經驗」，甚至搬出自己當年的失敗案例，也要告訴大家「怎麼做才是對的」。二、口語的敘述：一邊看內容，就像是聽著有聲書一樣，口語而不教化的內容，深入淺出的描述，十分容易吸收。三、劃線的重點：重要的句子都輕劃線條，不但唸起來輕鬆舒服，而且更加容易吸收。容易懂又實用好上手，誠摯推薦。

——李河泉（「跨世代溝通」千萬首席講師、商周CEO學院課程教練、東吳大學人社學院副教授）

如果從麥可．波特的五力分析角度來看，我們雙方的角色就是企業與供應商的關係，但從某些角度看來，彼此又存在競爭的對立關係。李思恩老師是培訓界的天王大師，每年談合作的時候，我都會特別謹慎，深怕保有了公司的利益，卻造成老師的不滿；反之亦然。不過每次討論完，總覺得心情愉悅且受益良多。「讓談判能夠有一種雙方愉快且滿足的結果，是身為談判者最高的境界。」這是我讀完本書後，終於明白談判的模型與思路。

特別是在 Part 2〈實用工具篇〉裡面的談判撇步，讓我反思到過去與李老師的談判互動經驗，如何以各種情境與流程的巧妙安排，達成賓主盡歡的雙贏結果。做為一個見證者，我想在這裡跟大家推薦，這是作者親身的行動寶典，沒有很老套的理論陳述，只有實戰歷練後所萃取出的精華，值得我們深度品味，並且實踐於人生的各種場景之中。

——林揚程（太毅國際顧問執行長）

談判，存在社會與生活的方方面面；小至逛街採購，大至攸關國家生存的前途，從政府、公司到個人，都面臨著各種談判的場景，也需要不斷提升談判的能力！不論您是初上談判桌的職場小白，還是身經百戰的商場老將，這本書都是您非常實用的工具書！

一九九六年，我曾經是美國暢銷書《優勢談判》（*Power Negotiating*）作者羅傑．道森老師的亞洲首批授權談判講師，因此有一定的西式談判訓練基礎。在仔細拜讀思恩老師的大作之後，發現他融合了中西談判技巧與商業實戰經驗的精髓，不僅非常適合於以面子、關係及人情為前提的中式談判場景，同樣也能運用在以裡子、利益與規則為前提的西式談判場景。這絕對是一本國際級的談判經典著作，非常榮幸能夠推薦給您！只要您好好運用本書教導的內容，必定能成為雙贏的談判高手！

——林偉賢（實踐家教育集團董事長）

序／以「談判一二三」架構，打通各種難題，成為雙贏談判高手

「談判」對你是過去式、未來式，還是現在進行式？

遇到客戶明白告知這筆訂單將要給你的競爭對手時，如何逆轉勝？

碰到不講理的廠商，受到了不公平的對待時，你怎麼爭取有利條件？

遭遇到客戶誤會你的好意，並且不聽你解釋時，怎樣扭轉局勢？

本書蒐集了我在談判場上親身經歷的諸多談判難題，讓你遇見同樣的問題時，可以迅速找到正確的解決方案。

「談判裡有一談就成的必殺技，或是打遍天下無敵手的必勝絕招嗎？」學生

常常這樣問我。當談判的情境越來越複雜，變數越來越多，只憑一招半式闖江湖已經越來越不現實。想要在談判中扭轉局勢，化被動為主動，你必須要有跳脫輸贏兩極、二選一的決策思考模式。

你一定經歷過各種「談判」，當你想要說服他人，或是希望透過溝通、協商以獲得更多時，就正在或即將進行「談判」。在我二十餘年的職業生涯，歷經業務、行銷、人資、客服等不同職能部門；也從第一線基層人員，歷練課長、經理、事業部長、副總經理、總經理的職位，再成為企業的策略顧問，親身參與無數場不同性質、大小的談判，**我發現談判的成敗關鍵在於「人」**。由於各人的需求、偏好不同，對籌碼的價值認定必定分歧；各人的習慣、喜好相異，與其溝通的頻道與方式自然也不能一樣，所以**「知人」是打開談判成功之門的鑰匙！**

「知人」是一門極深的學問，而且要學會是需要付出代價的，除了在談判前花時間蒐集對方的成長背景、需要與嗜好，更要掌握對方的溝通風格，推測他們期待達成的目標，以及可能接受的方案。為了讓你在短時間掌握「知人」的要訣，我以榮格分析心理學的「感性、理性、主動、被動」四大維度，幫助你將溝通對象整理成**四種「溝通風格」類型：「行動」「直觀」「人際」「分析」**，讓你能夠在短時間內，透過觀察對方的言語行為，立即辨識出對方的風格類型，並且見招拆招，贏得對方的信任與認同，還能讓手中有限的「籌碼」發揮最佳效用。

「我要的不多，只希望團隊成員或下屬能聽令行事，與客戶或供應商議價能達成公司要求的ＫＰＩ，為什麼談不出期望的成果？到底是哪兒出了錯？」

我從過去在兩岸千餘家企業教授溝通說服技巧，以及擔任談判教練，指導內外部協商的經驗中發現，**很多談不好、談不順的原因都來自於「急」！急著談成交易，急著說服對方！急著想要贏！**但是，「欲速則不達」啊！尚未弄清楚對方的需求與目標，就急著說出很多自以為是的想法，不僅讓對方沒有興趣談下去，更可能讓別人覺得厭煩不耐！

問題是，不管是為了要解決問題的協商，或是想要達成業績目標的談判，往往都有時間壓力，怎能不急啊！所以，我一直在思考，**是否有快速達標的談判方**

法？是否有在短時間內能讓對方願意照你的話去做的技巧？

當大大學院找我做「商業談判」的線上數位課程時，我整理了過去在第一線親身經歷的談判場景，對照手邊常用的談判工具，梳理出讓大家能夠快速上手，輕易掌握的**「談判一二三」架構**，也就是一個認識、二種風格與三項要件。

「一個認識」：認識「關係」的經營比「輸」「贏」更重要

人際關係的經營本來就是一場「無限賽局」。不管是與客戶或供應商往來，與上司或下屬溝通，又或者是與公司內的同事進行協商，如果僅僅為了獲得眼前的利益，而傷害了彼此的關係，長期而言往往得不償失。**職場人際關係的維繫需要以「信任」為基礎，而信任需要以「了解」為前提**。唯有願意傾聽並理解對方，才能看見對方的需要；唯有著眼於長期關係的經營，才能真誠地尊重對方的想法，跳脫眼前極端既有二選一的框架，致力於尋找互利雙贏的新方案。

「二種風格」：熟悉運用「個人溝通風格」與「溝通回應風格」

以「個人溝通風格」快速掌握對方的風格，縮短探索時間，快速擬定談判策略，選擇正確對應的方式，避免踩到對方的地雷，收溝通、談判事半功倍之效。

再者，**沒有人願意在談判中被貶低**，儘管處於劣勢，也要維持表面上的氣勢。所以運用正確的「溝通回應風格」，善用成人型的「體恤」和「探索」，避免父母型的「批判」和「建議」，尊重對方，讓談判在平等和諧的氣氛下順利進行。

「三項要件」：以ABC三項要件作為談判計畫的架構，讓談判不失焦

從我過去教授與指導談判的經驗中，將複雜的談判程序與準備事項簡化為Aim（目標）、Bias（影響）、Climate（氣氛）等三項要件，幫助你以最有效率

的方式掌握談判的關鍵要素，準確地談出雙方都願意接受的共識。

「Aim」（目標）：就是想藉由本次談判協商解決的問題，或是希望爭取到的結果。在談判中鎖定目標，可以幫助自己說出有利於達成目標的話語，並保持對談不要離題，有效率地達成共識。同時，預備「最佳替代方案」（BATNA），對談判可能出現的情況「做最壞的打算，盡最大的努力」，有效率地找出「新」方法，並且形成讓雙方互利、雙贏的共識。

「Bias」（影響）：指的是善用能夠有效影響對方判斷的要素。Bias一般都翻譯成偏見，人與人之間往往存在著偏見，如「以貌取人」此種先入為主的印象，甚至會導致心理學上所謂的「月暈效應」。因此，善用對方可能產生的偏見，將可影響其決策。在談判協商中除了分析手中的「籌碼」，還需結合運用三種影響他人的策略——**「信譽」「互惠」「勸說」**，提升自己的影響力，放大手中籌碼的價值。

「Climate」（氣氛）：意指你與他人互動時所營造的環境。熟練運用**「體

恤理解」「互利目標」「肯定推崇」「探索提問」四步驟，打造一種互相尊重及信任的氣氛，在和諧氣氛中談出互利雙贏的共識。

感謝先覺出版社邀請我出書，讓我有機會更完整地描述各種情境、案例的談判細節，並且得以將各個談判工具用圖表整理得更清楚易懂，而更加簡單實用。

我希望本書能夠作為你在準備談判時的工具書，除了帶你學習快速「知人」外，也把我過去和客戶、上司、部屬、同事談判協商時常用的工具、步驟與方法，整理成**「實戰布局篇」「實用工具篇」「實況問答篇」**一次彙整給你。藉由結構化的整理，以及實戰案例的說明，幫助你精確掌握談判工具的運用，只需跟著我一起刻意練習，就能成為雙贏談判高手。

準備好了嗎？讓我們一起成為跳脫極端二選一決策思考的談判高手！

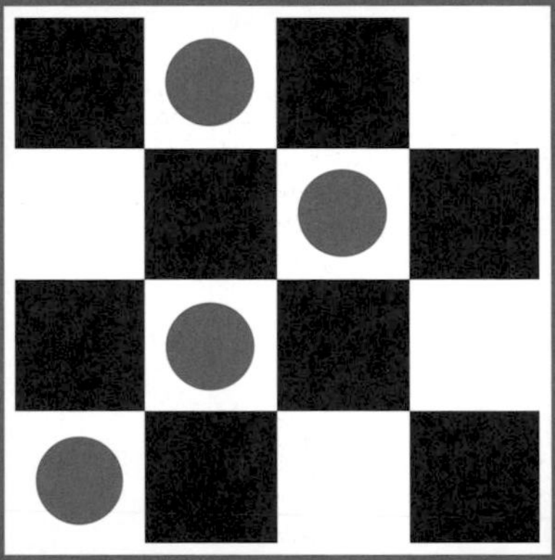

PART 1

實戰布局篇

掌握談判心法，超前布署全局

01 雙贏是用妥協與退讓換來的？

──成功談判的基礎

「很抱歉！雖然我們之前的合作都很愉快，你的提案也非常符合我們的需求，但是這次的專案將交由M公司承接……」

這是過去我在企業擔任業務經理的某天一早，接到這位大客戶H的電話內容，說他們經過內部討論之後，決定將這次的專案交給我們的競爭對手M公司承辦！

「出了什麼問題嗎？」我問。原本我對這個專案十拿九穩，甚至已經列入給老闆的當年度預定實現的營收報告中。為什麼我對這個案子這麼有把握？因為H客戶是我耕耘了二年的好客戶，過去承接的個案金額雖然都不如這件的規模，但總是能如期達標且合作愉快。更何況這次的需求規格還是我幫他們草擬的，所以提案肯定符合他們的要求。甚至，此次提案都是直接跟他們有決策權的副總直接談判細節，我們也給了最優惠的價格。

我真搞不懂為什麼煮熟的鴨子竟然飛了！我決定立刻驅車到H公司當面了解清楚。

「雖然我知道你們更專業，服務更好，價格更優，但因為這個專案相當大，一定要成功。M是跨國且知名的老牌公司，如果這專案進行得不順利，老闆不會責怪我找錯輔導對象。雖然M公司比你們貴很多，但交給他們做，公司內部不會有異音……」

副總在他辦公室親自跟我說明這次決策轉彎的原因。副總在意的不是價格、專業能力，甚至也不是服務品質，**他在意的是內部的認同與接受程度**。

接下來要怎麼做？我們不是享譽國際的外商企業，要搶回這個專案已經是不可能！揮揮衣袖走人？我當時只好跟副總說：「謝謝你告訴我這些，要做這樣的決定真的很不容易。我想你的決定是正確的，希望下次還有機會為你服務。」這一番話聽起來很禮貌，但也很悲情吧！

由於這個專案涵蓋的範疇很廣，所以那一年我們完全沒有機會跟H客戶交易。雖然過年過節我仍然會送小禮物給他們，也會找理由去他們公司走動走動，甚至還要回覆他們一些與我無關的問題，但就是沒有任何案件可以放出來給我們承接。

不過令人意外的是他們副總有一次請我吃飯，在飯局上介紹了一位客戶給我，還幫我說了很多好話，這個客戶後來也成為我們公司前三名的大客戶。不僅副總，H公司的承辦經理也常在同業之間替我們公司美言幾句，讓我因此得到了很多原本沒機會做到的訂單。隔年，客戶的專案成功完成之後，又開始放出很多小單，而且頻頻要我提案投標。粗估一下，在二年之間，H公司給我的訂單，以及幫我介紹的客戶，早就超過了原本那筆專案的營收金額。

雙贏互利的談判是無限賽局

職場上的溝通談判往往都是無限賽局，與有限賽局不同的是，**無限賽局中某一回合的輸贏並非成功的基準，重要的是這個賽局能夠持續下去**。我們希望和客戶與供應商維持長期穩定的合作關係，也常說公司各部門之間是擁有共同目標的伙伴關係，甚至還表示不管是上司或下屬，全都是一家人。既然是一家人或長期合作的伙伴，每一次的溝通談判都在於增加彼此的了解與互信，讓雙方的關係得以維繫。然而，過往的談判體驗、從談判中形成的偏見也都會累積，如果過去留下的是一次又一次的不愉快經驗，未來談判的難度當然可能提高，甚至中斷溝通，提前進入終局。

有人說談判是為了解決問題，也有人認為談判是希望爭取更多，但這些都只是談判的動機或起點，並非談判的目的。如果爭取到自己認為的「更多」，但對方卻覺得權益受損，而不願配合或履行協議，這樣的結果算成功嗎？假使沒有爭取到原本希望的「更多」，但對方願意配合並履行協議，而且希望繼續合作下去，這是不是更好的成果呢？

成功的談判沒有輸只有贏，雙方都覺得贏得了各自期望中的成果，也都願意保持合作關係，才是真正的成功。

我一直很慶幸自己過去擔任小業務員的時候，遇到了好師傅，教導自己正確的觀念與話術，所以在面對H公司副總宣判我出局的時候，我能很熟練地用感謝、理解與肯定的言詞和語氣回應，並且沒有從此中斷彼此的關係，雖然暫時受挫，但後面得到更多的祝福。

談判不是作戰，一定要戰個你死我活；談判也不是比賽，硬要比出個輸贏。談判追求的是各方都覺得成功的雙贏局面，重要的是關係能夠持續，而不是到此為止。

雙贏不是靠妥協與退讓換來的，而是用感謝、理解、肯定的方式，以維繫長期合作的關係為目標而達成的。這或許跟你過去印象中的談判技巧不一樣，但我可以向你保證，這樣的談判思維一定可以讓你與客戶、供應商、同事、上司、下屬的關係更好，而且問題更少，獲得更多。

02 為什麼明明贏了卻感覺輸了？

——贏了這回卻輸了關係

有次一個大客戶下了份急單，這筆訂單不但緊急，而且金額數量都不小，對我們部門這一季業績的影響至關重要，但由於對方對包裝及到貨方式有特別的要求，所以我先直接打電話給物流中心經理說明這個情況……

「要分批到貨可以，但你這分得也太碎了，我們沒辦法這樣送，太不符合經濟效益了！而且你知道拆箱改成套袋封裝，需要多花多少人力？還要司機幫他們上架？老弟啊！我們是物流中心，又不是快遞公司！」物流經理在電話中一直抱怨，我立刻決定直接殺到物流中心，當面與經理溝通溝通。

「需要花多少人力？需要加班嗎？要付多少加班費？」我追問經理這些他似乎很在意的問題。事實上，這筆訂單的毛利還不錯，加班費用可以由我們部門來支付。

「這不是加班費的問題，現在正值出貨旺季，線上同仁都在加班，插了你的急單，而且還要改包裝，就算你付加班費，也根本沒人力做！」物流經理繼續回答。

「你的意思是要我推掉這個單？」我有點不耐煩地問他。

「接不接是你業務部門的決定，我只是告訴你，我這邊沒人力做這樣的事情！老弟啊！客戶的要求也不能都滿足啊！你會寵壞這些客戶的！」物流經理帶著微笑，讓我覺得他倚老賣老。

「經理，你也知道按照執行副總的觀念，這個單必須做，也得照著客戶的要求做，對吧！」由於發覺經理似乎鐵了心不願意配合，我決定搬出我的王牌——執行副總，因為他向來強調以客為尊，總是告誡我們無論如何要想辦法達成客戶的要求。況且，這客戶算是公司的A級客戶，這筆急單又不算小，副總一定會同意要求物流中心配合。

「好好好，以客為尊嘛！做不了也得想辦法做！」果然，我一把執行副總搬出來，經理立刻正經八百地說：「不過，我先把話說在前，這樣趕出來的品質，我不保證喔！」

「經理，你謙虛了啦！你們才剛拿到ＩＳＯ，服務品質是我們都放心的嘛！」其實我是在提醒他別砸了公司的招牌。

這是一場成功的談判，對嗎？這筆急單很快地按期限、規格出貨，我達成目標了，不是嗎？

然而，幾天之後的部門主管會議上，物流中心經理主動提起因為處理這個急單，人力嚴重不足，導致其他客戶，以及直營門市出貨延遲的情況。雖然執行副總在會議上仍舊重申以客為尊，要盡可能地達成客戶的要求，但也提醒我們業務主管，要有技巧地調整客戶的要求，不要讓服務支援單位難做。事實上，為了確保急單能夠如期依規格出貨，我還派了二位部門的同仁到物流中心支援改包裝的工作；為了避免司機無法確實按照要求幫客戶上架，我還要求負責的業務同仁與貨車一同抵達，協助上架。我都已經幫他解決人手不足的問題了，為什麼對方還在老闆面前講這些？說得好像最近物流中心的問題都肇因於這個急單，當初我答應客戶的要求就是個天大的錯誤！他到底在不爽什麼？

跟公司其他部門溝通，最忌諱搬出老闆

在組織內部溝通協調的時候，你是否也和我一樣曾遇到這種「明明贏了卻感覺輸了」的情況呢？雖然講贏了對方，卻不僅感受不到贏的喜悅，還有種失去更多的感受？

前一篇我提到職場上的溝通談判往往都是無限賽局，**尤其組織內部的溝通協商更是如此**。這回合你贏了，但對方口服心不服，下一回合呢？麻煩的是，他仍然是你的同事，不管你喜歡不喜歡，只要仍然在同一組織工作，就勢必會再與他交手。就怕因為贏了這一回合，卻破壞了彼此的關係，日後協商談判的難度將會更高。

雖然我在會議上也可以立即反駁，揭露已經支援人力等等的實情，相信其他

主管也能判定是非，給我一個公道，但如此一來，我和物流中心經理的關係會不會更糟？

我慶幸自己當時選擇了不辯駁，沒有讓彼此的關係更惡化。副總在會後把我叫了過去以了解情況，並告誡我：「大家都是為了公司好，**同事之間講的是『互相』**。」其實我當時並不是很理解副總的意思，但起碼知道冤冤相報是沒什麼好結果的。多年之後，我才慢慢體會到副總講的「互相」。我們都聽過「受人滴水之恩，當湧泉以報」，如果你對我好，我就算不對你好，也不好意思對你不好吧！萬一惹得對方整天想著「不是不報，時候未到」，形成緊張的關係，如何能夠談出好結果？

職場上談判的最壞結果就是一方退出，不願再談下去。然而，要能繼續談下去，必須注意維繫良好的關係，也就是說，任何會破壞彼此關係的行為都應避免。**搬出老闆壓對方的確可能快速達成你的目標，但容易讓別人覺得不受尊重，難以接受**。

我的班上常常聽到產品研發部門抱怨業務部門動不動就拿老闆壓他們，但業務部門也會無奈地說，本來也希望能好好溝通，但研發部門聽了客戶的需求總是回「做不了」「來不及」，當然請老闆去說會比較快！結果，這二個部門的關係越來越緊繃，心結越結越深，接著演出「公事公辦」「避不見面」「背後放箭」等戲碼，甚至內耗形成雙輸的局面。

「己所不欲，勿施於人！」如果我們不喜歡對方拿老闆對自己施壓，也應該避免拿這個當作談判中威逼對方的籌碼，畢竟**人與人的關係一旦遭到破壞，修復的難度與代價都很高，千萬別贏了今日卻輸了未來**。

03 恩威並濟、軟硬兼施的談判才有效？

——對方在意才是有效的籌碼

「公司給的薪資不夠高，吸引不到好人才，也留不住好人才。」

「公司授權的折扣不多，或者是規格調整範圍不夠大，無法滿足客戶的要求。」

「採購特殊規格的訂製品，需要的量不夠多，無法向供應商要求降價。」

「我們基層主管既無權決定加薪，又無法決定升遷，難以激勵員工。」

「專案成員來自不同部門，考績並非專案經理決定，進度延誤毫無約束力。」

每次請學員列出在職場談判上最大的困難，不外乎都是以上這些既缺胡蘿蔔又沒大棒，也就是一般所謂「籌碼」不足的情況。

什麼是「籌碼」？**談判中的籌碼就是指對我方有利的條件或情勢，也就是足以讓我方在談判中取得優勢的要件**。

之前一位業務經理跟我反應A客戶覺得我們今年的報價太高，要求我們重新提案，否則沒辦法談成協議。我覺得很奇怪，A客戶打算採購的P產品在市場上沒有其他的同類型競爭者，而就我們所知，這個客戶的確需要使用P產品，我們有著絕對優勢，問題出在哪？

「對方有希望價格降多少嗎？」我接著問。

「至少一五％！這是他們今年採購議價的KPI，所以是鐵板一塊，但這不僅超過你給我的權限，也無法滿足公司今年對於毛利目標的要求！」接著，他拿出準備好的圖表繼續對我說：「所以，我重新擬了二個方案。甲案是將下一年度採購P產品的預估量做預購設定，由於量增價減，協議的產品單價將可較原價降一五％；乙案則是搭售Q產品，由於Q產品可以給的折扣本來就較多，所以給他們的報價也會較原價降一五%。我問過對方了，這二個方案都符合採購議價的標準，而且我算了一下，毛利將可符合公司的要求。」聽他說到這裡，我很慶幸自己選對了業務經理，和一般員工只是來幫客戶向老闆要求降價不一樣，他能善用方案組合，找出既符合客戶要求的議價標準，又適合公司要求毛利目標的互利雙贏模式。

「既然都符合公司要求的毛利標準，我這邊當然同意。」我隨即在他的提案簽呈上簽名核准。現在看來，這位經理也在我面前完成了一場成功的談判。後來客戶選了甲案，這筆交易不僅是個成功案例，提案的模式也成為後續教導業務同仁的範本。

談判從來就不是零和，如果同意對方降價的要求，誰說我方就必定會少賺？

商務談判的十種籌碼

以下說明商務談判常見的十種「籌碼」：

一、**規模與範疇**：採購量的多寡會牽涉到產能利用率，影響成本高低；專案範疇的大小則會影響服務成本與品質。此外，規模與範疇擴大，雖可攤銷成本，但也可能造成風險增加。所以我們可以將規模與範疇當成籌碼，與對方關注的要件組合出最佳方案。

二、**可動用資源**：談判雙方各自握有的人力、物力、金錢、資訊等資源的多寡，往往會形成某方面的優勢。

三、**交件時程**：時程縮短或延長往往牽涉機會成本。如果時程可以拉長或分批交件，雖然壓力較低，但也可能造成機會成本增加。

四、**產出規格或交付標準**：這往往是在對方要求降價的時候，最常拿出來討價還價、增減調整的條件。

五、**折扣與相關費用**：為了要鼓勵對方承諾更大的採購量，常常會搭配購買量給予累進式的折扣。交易中會發生的相關稅費往往也是談判常用的籌碼，藉以讓對方願意在其他條件上讓步。

六、**付款方式**：付款票期的限制，或是付款的幣別，不僅會影響公司的現金流，還會造成匯兌損失，這些都是在談判中必須注意的要件。

七、**便利性**：代為分拆包裝、上架、測試送檢，還有對方自取，或我方親送。這些讓對方便利的附加服務雖不列入計價，但往往可成為影響協議的要件。

八、**作為參考案例或進行前導試驗**：對於承作方而言，雖然這次交易並不能獲利，卻可以累積實務經驗，增加未來可以列在宣傳品中的成功案例。當然對於採購方而言也不能只當白老鼠，應該藉機要求對方給予更多優惠。

九、**發展策略布局**：有時為了企業的發展與產業布局，會在某些方面進行策略性的讓步。反言之，如果發現對方希望我們合作是為了補足某塊拼圖，當然應該爭取更多有利於我方的條件。

十、**未來可能合作的機會**：商業上的合作本來就是一場無限賽局，現在所做的讓步並非退讓或妥協，而是為了要換得更多未來的合作機會。所以不管未來是否還有可能合作，都不要斷了對方與我們共創未來的念頭。

掌握對方需求，才能發對好牌

藉由這些籌碼的增減，並進行排列組合，相信你也可以找出如同我那位業務經理提出讓客戶與公司互利雙贏的新方案。不過，**每一場談判中可用的籌碼可不一樣**。我們在玩撲克牌的時候，真正的好牌是什麼？是黑桃A嗎？是拿到一手同花順嗎？其實**真正的「好牌」是你手上剛好有「對方需要的牌」**！如果你手中有不錯的「籌碼」——市場上的領導品牌、獨一無二的產品、最優質的服務、最具競爭力的價格，就能在談判中予取予求，無往不利嗎？到底對方真正關注的是什麼？真正想要的是什麼？

在前文A客戶的案例中，業務經理確認客戶最在乎的條件是「降價一五％」，因為這是客戶採購的KPI，是必須滿足的必要條件。所以，應先思考「降價一五％」是不是我方可以接受的？如果不是不能接受，加上P產品在市場上又沒有其他同類型競爭者，這就成為我方得以取得談判優勢的籌碼了。所以，業務經理設計了甲、乙兩個方案，甲案等同於把A客戶下一年度的採購合約鎖住；乙案等同於推銷Q產品給原先沒有採購的A客戶，這兩種方案不僅都能達成客戶的要求，也都對公司無損甚至有益。

要掌握對方需要的牌才是好牌，才是有用的籌碼。所以先了解對方真正在意的需求，是你掌握談判籌碼、創造優勢的關鍵因素。

供應商或客戶對這筆交易在意的只有價格嗎？前述的十項常見籌碼你都用盡了嗎？

你想招募或留住的好人才，他真正在意的只是薪資嗎？舒適的工作環境、自己的時間、優質的福利、完善的培訓、和諧的工作氛圍、接觸大客戶的機會……

其中是否有他在意的籌碼呢？

先了解對方真正關注的要件，才能有效運用手中籌碼，取得談判優勢。

04 用迴紋針換到一棟房？
——價值不對稱與心理偏誤的影響

你聽過有人用一根迴紋針換到一棟房子嗎？

二〇〇五年七月開始，一位未滿二十六歲的加拿大部落客凱爾．麥唐諾，花了一年多時間，歷經十四次轉手交易，用一根普通的紅色迴紋針，換到了一棟在加拿大吉卜林市（Kipling），價值約五萬美元的房子。

「同一樣東西，對某一個人是垃圾，對另一個人卻是珍寶。」凱爾在受訪時表示：「此時此刻，一定有人為了整理文件缺了一根迴紋針，而消耗價值更高的汽油，或是寶貴的時間，半夜開車上街找。這些都是看不見的『潛在價差』。如果人們交換時，能夠跳出價格的框框，就能看到不一樣的機會。」由於每個人的需求不同，同一件物品在不同人心目中的「價值」就會不同，因而產生凱爾所說的「潛在價差」。

我們都知道價格是會變動的，隨著需求量的變化，加上總體經濟情勢導致匯率的變動，物價也必定有所增減。在新冠肺炎疫情爆發以前，我在附近的藥局，可以用新台幣二百元，買到一盒五十個單片包裝的醫療用口罩，疫情爆發後不僅漲至天價，有錢還買不到。導致政府出面召集廠商趕製，用定期配額方式推出一片五元的口罩。一位旅居美國的同學既興奮又無奈地在臉書上秀出他買到的醫用口罩，一片也是五元，不過是美金！試想，如果這時候你在美國，手中有十幾盒醫用口罩，你可以換到什麼？**如果你手中有對方不僅想要，而且需要的物品或條件，這就是你的「籌碼」，可以為你在談判中取得優勢**。

優先討論對方認為高價值的籌碼

我們不妨用以下矩陣先分析一下目前羅列的籌碼要件，對於雙方而言，屬於「高價值」還是「低價值」：

對方 ＼ 我方	低價值	高價值
高價值	**第二象限** **對對方重要，但對我方重要性較低** 給予對方更多彈性，並用以交換我方希望獲得的條件	**第一象限** **對雙方皆非常重要的議題** 我們必須針對此議題進行協商談判
低價值	**第四象限** **對雙方都不太重要的議題** 勿花時間在此類議題上	**第三象限** **對我方非常重要，但對方不在意的議題** 留意勿花太多時間或明顯在意這些議題

圖1-1／籌碼價值分析矩陣

在談判中應該特別關注的是對方認為「高價值」的籌碼，這往往是我們必須多花時間討論的關鍵點。在前一篇A客戶的案例中，客戶最在乎也最關注的是「降價一五%」，所以降價就是對方認為高價值的要件，絕對不能迴避，而且不管何種方案組合，這都是必須納入考量的必要條件。

然而對我方呢？最重要的應該是公司規定的毛利目標，但這並不會是客戶關心的，所以應該歸入「第三象限」，不需要在客戶面前提及這個議題。

有關甲案的「將下年度預購量納入合約計算」呢？從我方的角度來看，是為了要鎖住客戶，確保穩定的營收與產能利用率；從客戶的角度看，由於P產品是他們需要的，加上市場上沒有什麼其他選擇，簽訂預購合約可以確保日後優先供應，不致中斷或延後。如此看來，這個議題應該對雙方都是高價值的，應該要花時間說明討論，只不過，應該從對方所關注的「優先供應」「不致中斷或延後」來說服，對方更容易接受。就乙案的「搭配Q產品」這個提案來看，對我方是高價值，但如果對方並無Q產品的需求，當然就屬於第三象限，不需要多討論，這個方案將僅僅是「陪榜」「陪標」的陪襯作用。

善用「價值不對稱」原則可以幫助你提升手中籌碼的價值，取得談判優勢。

先將手邊的籌碼用「籌碼價值分析矩陣」進行整理，大方地將第二象限（對方認為高價值而我方屬低價值）的籌碼釋出給對方，並且用以換得第三象限（對方認為低價值而我方高價值）的物品或條件。但前提仍在於你必須先知道對方在乎或急需什麼？所以還是得先花時間去了解，哪些是對方眼中高價值的物品或條件，以此為前提或當成必要條件，才能活用手中籌碼，發揮最大價值。

「心理帳戶」影響談判的感覺

還有一種情況是行為經濟學家發現的現象。

假設我要買一個X商品，這個產品原價超過一千元，有一天我發現自家附近的賣場特價是九百九十九元，所以便趁這特價優惠去買。正準備結帳的時候，我弟弟打電話來：「哥，你不是要買X嗎？我家附近賣場黑色的特價是四百九十九元喔！要不要幫你買？」真的假的！差這麼多？還好，現在手機很方便，我請弟弟傳了幾張照片過來，確認是同品牌、同型號的商品。剛好我要買黑色的，而且從我家到弟弟家車程只要十分鐘，就算坐計程車去拿都划算。所以我就請弟弟先幫我買，我再找時間跟他拿。

隔了半年，我預計要買一部筆記型電腦之類的3C產品Y。某日，看到自家附近的賣場，打出特價三萬四千九百九十九元，我當然趕緊過去買。正準備結帳的時候，弟弟剛好又打電話來：「哥，你不是要買Y產品嗎？我家附近賣場特價三萬四千四百九十九元喔！要不要幫你買？」

如果是你，會請弟弟買三萬四千四百九十九元的Y嗎？我在課堂上用這個題目測試多年，在決定要買九百九十九元，還是四百九十九元的X商品時，往往絕大多數的同學都認為應該請我弟先幫我買後者。但在做Y產品的決定時，卻往往只有不到一半的同學認為我應該買三萬四千四百九十九元的Y。其實，在我弟家附近的賣場不管買X還是Y，都比在我家附近買便宜五百元，也就是說，同樣付出十分鐘的車程，能賺取同樣五百元的價差，為什麼人們的決定會不一樣？或許你會說，買四百九十九元的X，等於是九百九十九元的對折；買三萬四千四百九十九元的Y，卻連九折都不到啊！問題是，對你真正有意義的是少付出去的五百元，還是折扣百分比？

二〇一七諾貝爾經濟學獎得主理查・塞勒（Richard Thaler）就指出「人的理性是有限的」。**人們做決策時，並不是去計算物品的真正價值，而是用某種比較容易評價的線索來判斷**，也就是將所謂的「心理帳戶」作為參照值進行比較，這樣一來就容易出現感覺與實質之間的偏差。但也正因如此，提醒我們**在談判中應該更重視對方的「感覺」或「感受」**。

如何增加手中籌碼的價值？

談判中不僅要找出雙方價值不對稱的條件加以運用，更應該將自己手中的籌碼塑造出更高的價值。要怎麼做呢？

之前在一家企業輔導部門主管與員工談判變形工時及無薪假的時候，我請主管們進行小組討論，以員工的觀點列出放無薪假的「好處」與「壞處」，也就是主管在面對員工溝通實施無薪假的「機會」與「問題」。經過各組集思廣益之後

情況：公司即將實施無薪假	
機會（好處）	**問題（壞處）**
・終於有機會休假 ・可以親自接送小孩 ・有時間帶父母出門 ・有空參加親師座談 ・有充電、學習的機會 ・能夠為家人親自下廚 ・有時間幫忙家裡的小生意	・收入減少 ・房貸付不出 ・空出的時間，不知做什麼？ ・會被鄰居說閒話 ・會讓家人擔心

表1-1／比較公司即將實施無薪價的機會與問題

列出的結論，我整理為表1-1：

乍看之下，似乎「好處」要比「壞處」多呢！原來，無薪假也不是都不好的，對嗎？

其實各組在討論時，沒幾分鐘就洋洋灑灑地列了一串「問題」，寫不出幾條「機會」。接著我規定各組列出的「好處」一定要比「壞處」多才得分，這才激出以上你看到的好幾條「機會」。

正因為機會比問題多，當你看到這張對照表，會不會在感覺上稍微緩解了一些對於「公司即將實施無薪假」的敵意？但我相信你也可以很快發現，其實**「好處」與「壞處」之間的價值是不對稱的**！有些人會認為，一旦收入減少，房貸付不出來，其餘的好處都被抵銷掉了！不過，是否也有人會認為有機會休假、親自接送小孩、帶父母出門與參加親師座談可以補足過去無法陪家人的缺憾，這樣的價值是——「無價」！

當然，有小孩的人會對「有機會親自接送小孩」「為小孩送便當」有感，但如果對方尚未有子女，這個好處既然對他無感，當然就沒有價值，在談判中也不能成為說服的籌碼。

如何找到價值不對稱的空間？

一、**探詢對方真正的需求（物質或心理需求）**：注意對方重複或強調的重點，如「公司規定採購價要比原價降一五％」「達成ＫＰＩ」「彼此尊重」「沒時間了」等。確認對方需求後，運用「條件句」來提案並引導對方期望值，如

「如果你～～，我就～～」。

二、**取得對方高價值的籌碼（物品或條件）**：僅僅掌握對方的需求，亦即他眼中高價值的籌碼還不夠，重要的是取得。真正的好牌是自己手中有對方需要的牌，如此對方才有意願交換你所要的物品或條件。

三、**讓對方產生滿足感**：「滿足感」簡單說就是讓對方覺得賺到了，而不是被騙了！如果談判結束，對方覺得吃虧上當，往往會毀棄所談的協議，或是以後他再也不跟你談。畢竟，沒有人會甘願被騙嘛！要讓對方覺得自己賺到，不要忘記前面所提「心理帳戶」的影響。凡事都有不同的角度，肯定地鼓勵對方，聚焦在讓對方自我感覺良好的方向就對了。所以請記得在得到共識，產生結論以後，加上「我覺得你真的很厲害，能夠爭取到～～」，或是「我從來沒有給過這麼優惠的條件」等結語來抬高對方，**讓對方覺得自己在這次的協商談判中是成功的，有成就感，如此將會更願意落實彼此的協議**。

05 其實你和我的目標一致？
——找出合作、雙贏的要件

一般認為談判就是為了要獲得更多，問題是更多的什麼？如果更多是原來沒有的，但這多出來的東西對我並沒有價值，這應該不是自己希望的結果吧！**談判需要釐清自己的目標：「為何而談？」與「希望獲得什麼？」以免焦點模糊，最後白忙一場**。

不過，如果我想在談判中獲得，是否就意味著對方會失去什麼呢？這樣要如何實現「雙贏」呢？

如果僅僅計算買賣雙方在交易過程當中的金錢流動，的確是買方多付、賣方多得，買方少給、賣方少得，彼此的互動是加減關係。但問題是，**交易向來就不是只看金錢多少而已，最重要的是買方用這些金錢換得多少**！如果今天買方按期望買到了相關的產品或服務，賣方也依照預期得到了足夠數額的金錢，雙方都得到符合自己期望的結果，這就是雙贏。所以雙贏必須建立在彼此都獲益的基礎上，也就是所謂的「互利、合作」。既然要「互利」，當然就必須先知道對方在意什麼，想透過這次的談判獲得什麼？換句話說，**談判目標的建立絕不能僅僅是思考我方的利益而已**。

你必須了解對方為什麼要談判，以及他們之所以會有現在立場的原因。所謂的立場就是「對方想要什麼」，而「對方為什麼想要」則顯明了對方的利益所在。如果你著重於立場，或許最終會妥協，做出讓步。但是，如果你強調的是利益，那麼就有可能找到讓雙方都得益的雙贏方案。

從一顆檸檬之爭，看見妥協非雙贏

在我的衝突管理課堂上，常常請大家思考「一顆檸檬之爭」的解決方案：「阿珠與阿花都想要餐桌上唯一的檸檬，而且兩人都非常明確地表示需要這個檸檬。請問，如果你是阿珠或阿花，會怎麼做？」目前我的班上最多的回答就是

「一人一半」！

不過，你知道嗎？後來阿珠將她的那一半榨出檸檬汁之後，把榨乾的檸檬連皮一起丟進垃圾桶。阿花則把她那半個檸檬的皮削下來，磨碎做成檸檬糖霜，把多汁的果肉也丟進垃圾桶裡。

向來只有極少數的同學會想到該先問問對方：「你為什麼想要這顆檸檬？」「你打算拿這個檸檬做什麼？」當你了解對方要這顆檸檬的原因之後，何妨不一起合作：阿珠榨汁，阿花拿皮，兩人都可以得到更多，創造雙贏的成果。

所以在下頁肯尼斯．湯馬斯和洛夫．基爾曼所建立的衝突解決模型（Thomas - Kilmann Conflict Mode Instrument, TKI）中清楚可見，**妥協並非雙贏，合作才是真正的雙贏**。

再拿前文A客戶的例子（請參考四十八頁）來對照，對方採購人員挑明了就是要我們降價一五％，我方業務經理如果僅僅是為了拿到訂單而降價一五％，這樣的妥協不僅達不到我方對於毛利的要求，而且日後與這個客戶的合作價值將

圖1-2／湯瑪斯—基爾曼衝突解決模型

越來越低。客戶為什麼想要我們降價一五％？因為這是他們公司採購利益的指標，必須達成！所以業務經理沒有將力氣花在希望客戶退讓或調整降價幅度，而是繞開這個議題，思考其他能符合降價一五％的方案組合。果然客戶只要這筆訂單符合降價一五％的要求，其餘都好談。最後採用的甲案，不僅符合客戶的要求，也吻合我方公司毛利目標的要求，而且預簽了下一年度的採購量，不僅確保了P產品的產能，同時也能避免日後又要再度重啟採購程序，可謂一舉數得。

新方案是喬出來的

業務經理為了讓客戶能夠達成該公司所定的採購利益目標，同時又要在符合我公司的毛利目標及折扣規定下促成交易，達成協議，所以想了甲、乙兩個方案，不是採取原來的提案，也並非順應客戶要求的單純降價，而是最初沒想到的新方案。如果我們要讓談判結果出現雙贏的局面，除了必須以「互利」為基礎，**還要和對方一起努力或想出一個「新」方法**。

在我擔任酒類事業部主管的時候，常常得去財務經理那裡搶經銷商的出貨額度。有一天一早進辦公室，就看到一張因為「爆額度」而被退下來的訂單，我立刻拎著單子衝上樓去找財務經理。我特別堆滿了笑容，好聲好氣地敲了敲經理的門：「經理早，又要來麻煩你了！」我知道財務經理手上還有一些自己控管的額度，不過是有限的，我估計大約有五百萬左右吧！先搶先贏囉！沒想到我還沒開口，財務經理就直接說了一句：「你來晚了！我沒額度給你了！」

「我這個單只差七十萬出頭啊！而且這筆二百多萬的訂單，對公司而言也不是小數目啊！」我心裡知道來晚了，尤其在這將近年底的出貨旺季，但還是試著曉以大義、爭取看看。

「你要不要請客戶先回款五十萬，或是減少出貨量，剩下的額度我就可以幫你處理！」財務經理似乎也努力想辦法幫我，但這個方法我不是不知道，只是這個客戶有一點麻煩，向來不願意提前回款或用現金即期票支付。不過，經他這麼一說，我發現他那邊應該還有一些額度。

「你那邊還有多少額度可以頂給我？三、四十萬有嗎？」我邊說邊盤算著，將另一家客戶的風險額度挪過來。

「只剩三十三，我想你也不夠用吧！」財務經理搖搖頭說。

「不會不會，先給我吧！其餘的我再來想辦法！」我趕緊調了另一家客戶的額度補足差額，再將這訂單送去請財務審額度後放行順利出貨。

這樣的情況是否做到「互利」？我們溝通協商的結果既不是按照我原來的目標——爭取到財務幫我頂額度、順利接單出貨；也不是財務經理原來的目標——擋下這份爆額度的訂單。讓這筆二百多萬的訂單能夠順利如數出貨的方案是「新」方案，既可符合我的利益——如數接單做到業績；也符合對方的利益——不超過風險控管額度，達成ＫＰＩ。這就是以「新」方法達成「互利」，創造「雙贏」的結果。

不過，要達成互利雙贏的結果，雙方都必須先有為對方的利益，願意考慮新方案的彈性。將談判重點放在如何找出可行方案來解決問題，達成共識，而不是只想著從對方身上挖到多少好處，或只為了自己的損益而已。總之，**互利雙贏的結果仰賴於我們眼中看得見別人的需要，這正是談判成功的關鍵所在**。

06 你要面子，還是裡子？——目標與「最佳替代方案」

多年前某個集團公司找我規畫一個給中階主管進修的課程，在溝通單元內容如何安排的時候，這家客戶的訓練經理對我的設計提出非常多的意見，而且還要求試講，並且在課後對於每一單元進行「檢討」，甚至對我舉的案例、做的PPT都有許多指教，而且是逐一檢視，要求修改。這讓我感覺非常不被尊重，浮現「士可殺不可辱」的想法。我起身離席說是要去買飲料，其實本打算編個理由告訴對方：這個課程我不做了！但就在出去轉一圈的時候，我突然想起前文提到與物流中心經理談判的失敗經驗，此刻才真正體會到那時對方的不爽，也才能理解當時副總講的「互相」對於談判能否順利進行有多大的影響。

在重回會議室之前，我釐清了自己「要把這個課程做到讓客戶覺得滿意」的目標，重新審視了對方修改建議的可行性，也耐心地理解對方的顧慮，修改了五個版本之後，終於獲得客戶的認可。這門課開始被列入集團的主管培訓體系之中，每年至少要開二個班次。讓我更意外的是，我原本只負責一天課程，二年後這家客戶決定將三天課程都交給我來授課。這個課程迄今已經執行十二個年頭，每年都有二至三個班，是目前我的企業包班課程中，合作時間最長，總時數及學員總數最多的專案。

能達成這樣長期愉快合作的成果，其實是我當初在協商談判這個課程設計時，無法預見的，當然也不可能設定這樣的談判目標。當時想的目標頂多就是能開成這個課程而已，到後來面對客戶的「檢討」時，本來還一度想放棄不談了！最後才不得已勉強自己改以「讓客戶覺得滿意」為目標。這樣不得已的選擇，就是所謂的「最佳替代方案」。

「最佳替代方案」是什麼？

「最佳替代方案」（Best Alternative to a Negotiated Agreement, BATNA）是羅傑・費雪、威廉・尤瑞、布魯斯・派頓在《哈佛這樣教談判力：增強優勢，談出利多人和的好結果》這本書中提出的，指的是如果談判不符合期望時，達到可接受成果的其他可能性。也有人說應該命名為「最糟可行方案」更為貼切。簡單來說，就是**我雖不滿意但可以接受的方案，是雙方仍然可以談出共識，不至於放棄或停止談判協商，造成沒有任何結果的可行方案**。

由圖1-3可見，「最佳替代方案」的範圍可能比底線還要寬。因此，如果對方所提的方案超出了我方的「最佳替代方案」，表示這個方案是不能接受的。從對方的角度來說，如果我方提出的方案超出了他們的「最佳替代方案」，當然也可能導致這次的談判提前結束。所以，**掌握我方和對方的「最佳替代方案」，對於成功進行談判是至關重要的**。尤其在談判開始前，我們最好要先思考自己的

「最佳替代方案」，這樣才能正確反應是否接受對方提出的方案，也不至於因為過於樂觀，而錯誤地排斥對方目前所能提出的最佳條件。

「最佳替代方案」既不是「目標」，也不是談判的「底線」。「目標」是我最想要獲得的結果；「底線」則是我不想見到的結果。

沒有「潛在的最後協議區域」時，該怎麼辦？

你的**「目標」與「底線」之間就是**

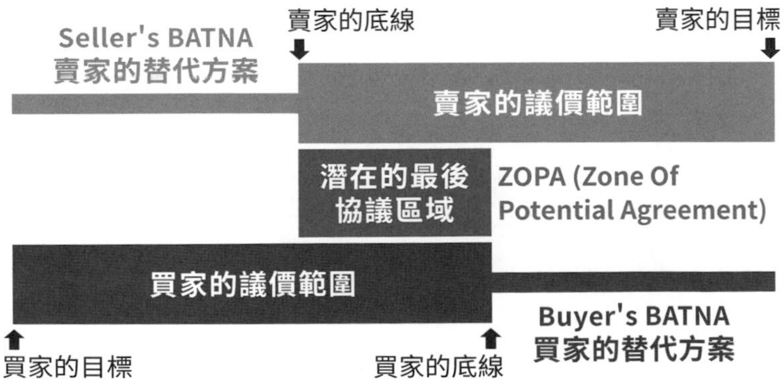

圖1-3／從買家和賣家的觀點了解「BATNA」和「ZOPA」

議價範圍，而雙方議價範圍重疊的區域就是「潛在的最後協議區域」(Zone Of Potential Agreement, ZOPA)，也就是最有可能達成共識的落點。但如果彼此之間沒有「潛在的最後協議區域」，或是對方的出價低於你的「底線」呢？是否就沒得談？

當雙方在談判中發現「潛在的最後協議區域」難以成立時，最後的機會就是如上一篇文章所說，與對方一起努力想出一個「新」方案，然而這個新方案必須落在雙方「最佳替代方案」的範圍之內，而且雙方都有意願要談出一個結果。否則，最

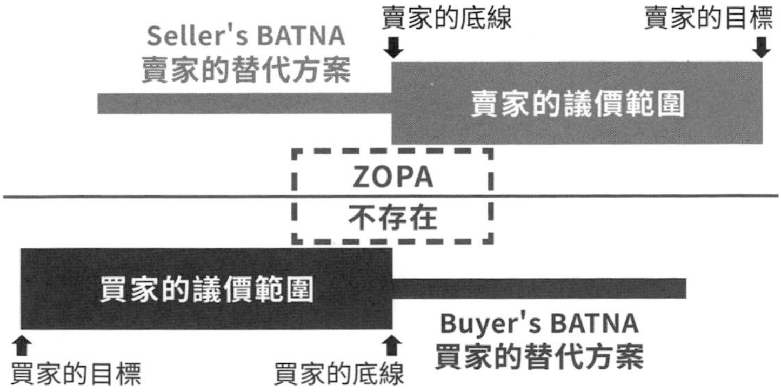

圖1-4／若「ZOPA」不存在，怎麼辦？

壞的情況將會出現！

所以，準備**替代方案組合非常重要**，如果都只是繞著價格打轉、討價還價，只要一旦發現見不到彼此的「潛在的最後協議區域」，這談判就會陷入僵局。

你能否**活用前面所談的「籌碼分析」以及「價值不對稱」**，**將決定自己提出最佳替代方案的成敗**。像我以前在營業部門擔任主管的時候，常常對我們的業務同仁耳提面命：「達成銷售毛利目標才有獎金！」因此為了達成銷售毛利額目標，希望引導客戶接受「增量採購」「交期延長或分批交貨」「替代組件」來配合降價的要求，或是以「限期優惠」或「現金支付」來爭取對我方有利的條件。保持彈性，提供更多可行方案供對方選擇，也是測試對方的「最佳替代方案」。總之，不能讓交易告吹，談下去就有成功的機會！

「最佳替代方案」之一：逼迫對方重回談判桌

萬一對方避而不談，或者是不打算好好談呢？

在法律訴訟的策略中，「以刑逼民」是一種常見的手段，也就是以威脅對方觸犯《刑法》的行為提告，但實際目的是要逼對方出面和解，或者以民事訴訟爭取賠償。這種策略在個人案件上最常見於車禍糾紛處理，而在企業中則常見用於營業祕密遭到侵害時。無論車禍時發生車損、人員傷亡，或是企業的營業祕密受到侵害，都會牽涉到經濟上的損失。對受害方而言，有實質意義的做法是跟侵害人請求損害賠償，拿到實質補償，而不是把對方關進監牢而已。但由於民事訴訟曠日廢時、緩不濟急，加上沒有公權力介入，導致相關證據早就被侵害人湮滅，或是進行脫產，以致就算判定賠償金額後，也因名下無足夠財產賠償，讓受害人的損失無法得到補償。依據《刑法》提出檢舉或提告，一方面可請公權力介入，另一方面也可讓侵害人因為害怕被關，而願意進入和解談判。這也是一種「最佳替代方案」的應用，將對方逼回談判桌上。

避免任何破壞關係的談判行為

萬一對方為反對而反對呢？

某日A主管衝進我的辦公室，跟我抱怨B主管的不配合。原來他們在一個新產品的推廣方案上，意見有些分歧。所以我找B主管來了解情況，聽起來他並非不支持這個方案，但總說這有問題，那有風險。我乾脆直接問他，到底在糾結什麼？堅持什麼?!他沉默了一會兒，低聲說：「**我要的只是『尊重』而已！**」原來，A主管認為這個方案是他主導的，所以處處表現得很強勢，甚至插手B主管職權範圍的事情！這無疑是要人家做他的傀儡，當然會覺得不被「尊重」。

既然我感覺不受尊重，當然也不想聽你說些什麼，這就成了阻礙有效溝通的「情緒障礙」，最後就造成「你不讓我好過，我也不給你好過」，處處挑毛病，為反對而反對的情況。

職場上談判的最壞結果就是一方放棄退出，或是不願意再談下去。然而，要能繼續談下去，必須注意維繫良好的關係，也就是說，任何會破壞彼此關係的行為都應避免。既然B主管在意「尊重」，如果你是A主管，知道該怎麼做了嗎？

07 是誰說了算？
——利害關係人的區分

當我剛接任社區管理委員會主任委員的時候，就發現這任主委最重要、也最困難的任務就是，得與建設公司談判，讓被舉報為違建而遭拆除的中庭花園能夠復原，或者以符合政府規定的方式重建。這棟樓交屋的第一年，中庭花園就被舉報，而後拆除又重建；隔年又被舉報，又二度遭拆除。所以在我接任主委的時候，這中庭花園已經近似廢墟，與新建落成、外觀氣派的社區大樓極不相稱。所以在社區的最高權力機構「區分所有權人大會」（簡稱區權會）中，也做出決議，決定授權管理委員會與建設公司進行談判，讓中庭花園盡速重建並開放使用。

我首先請教了前任主委相關的情況，接著連繫到建設公司的客服經理，想要約個時間與他溝通、協商中庭花園的重建事宜。不料，他卻傳了一份與前任主委簽訂的協議，內容載明：「由於社區中庭建設未能按原方案完工，故贈送社區二部跑步機、二部飛輪健身器，以及二台四十吋電視，充實社區健身房設備，以為補償。」更要命的是，最後還有一條「管委會同意日後不得再就中庭花園之議題提出任何要求」！天啊！這是什麼喪權辱國的不平等條約啊！我立刻找了前任主委確認，他表示，協議是他簽的沒錯，但他只注意到幫社區爭取到了什麼器材，沒注意到還有這一條！我找前任管委會的其他委員確認，竟然沒人知道曾簽了這份協議。這可麻煩了！我該如何處理這個爛攤子？我還能跟建商談中庭花園的重建案嗎？

雖然我應該要延續前任所簽訂的協議，但由於前任主委簽訂這份協議未經過管委會開會做成決議，似乎不具有代表管委會的效力。再者，區權會不僅不知道這份協議的簽訂，還授權給我們這屆管委會去跟建設公司談判中庭重建事宜。我想，區權會的決議效力應該大於前任主委單方面簽訂的協議吧！於是，我決定以這個理由要求建設公司重啟談判。

由於我們社區是這家建設公司在台北市的第一個建案，具有指標意義，加上有些住戶和該公司的董事長還有私交，所以對方也非常重視住戶的反應。這些因素都讓我很順利地將客服經理請回會議桌，重啟中庭重建案的談判，而且每次我都找一至二位管委會的委員一起參與談判。剛開始對方大吐苦水，說與前任主委辛苦談了半天結果不算，害他很難交代。我除了表示理解，也肯定他積極負責的態度，並感謝他願意跟我們重新討論這個議題。經過了五次的會議協商，最終敲定了符合政府法規的改建方案，也成功通過區權會的同意（這樣讓雙方以後都不可以隨便翻案），經過近二個月的施工，花木扶疏、景觀宜人的社區中庭花園重新開放使用。

區別權益關係人的影響力和支持度

我們在談判的時候，所有與這個議題有利害關係的人就叫做「權益關係人」

（stakeholders）。在以上的案例當中，涉及中庭花園重建案的權益關係人絕不只有主談的主委與客服經理而已，其他管理委員、社區的區權人，以及建設公司的老闆、主管與相關部門同仁，乃至於會看到我們中庭花園、連帶景觀受影響的隔壁社區住戶、政府的建管部門，這些都是與本案有關的權益關係人。所以千萬不要以為跟其中一人談好了，也簽好協議了，這個談判就圓滿結束了。如果沒有取得關鍵人士（key person）的同意或認可，這次的談判可能也只是枉然。

但是，不同人有相異的立場、利益糾葛、利害關係。一件談判的權益關係人那麼多，他們的意見又似乎都很重要，到底應該先聽誰的呢？我來幫大家整理。如圖1-5所示，我們可以把對此議題的影響力與支持度從高到低排列，然後分出A、B、C、D四個區塊。

在同意中庭花園盡快重建的立場上，區權會是最高權力機構，並且通過決議希望趕緊完成重建開放使用，所以屬於影響力高、支持度也高，應該落在C區塊。

而建設公司老闆或客服最高主管對此案的影響力一定也高，畢竟工程的人

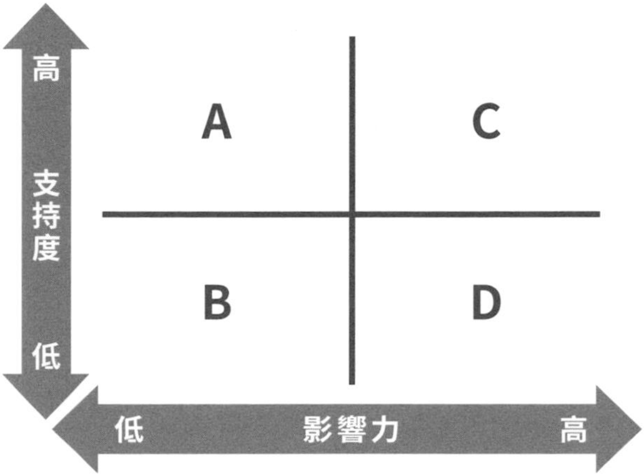

圖1-5／權益關係人分析矩陣

力、物力、金錢是由他們出的；但是支持度就要進一步探詢才能確認了。如果他們大力支持，希望這次重建能夠成功，那就落在C區塊；如果因為這個建案已經沒什麼獲利甚至虧錢，他們就會想要這個問題趕緊了結，而且不要再增加支出，其支持重建的意願低，那就應該會落在D區塊。

前任主委呢？我不清楚他有多麼期盼早些完成重建，但可以確定的是，他個人的影響力絕對沒有「區權會」或「管委會」的集體決議來得大。所以相對而言，不是落在A就是B區塊。

針對C、D區權益關係人，該如何運籌帷幄？

由上圖可見，A和B區塊的影響力不高，就算忽略他們的意見，也不會對談判產生實質影響，所以面對這二個區塊權益關係人的意見，只要表示理解與尊重即可。但是C和D區塊的影響力都很高，萬一C、D二個區塊的權益關係人意見不同時，應該要聽誰的？

由於C區塊是支持、理解你，跟你站在同一陣線，又有足夠影響力的權益關係人，我們應該大力拉攏這些人，以他們的影響力作為你說服D區塊這群人的籌碼。也正因為這些影響力高、支持度也高的權益關係人是你的後盾，就更應該重視他們的意見與反應，謹守對他們的承諾，千萬不能得罪這群鐵粉。

分析雙方的權利關係人，才不會白忙一場

更重要的是，**我們也必須從對方的角度來分析權益關係人，這樣才不致因誤判權益關係，而錯失創造互利雙贏共識的機會**。就像是當時建設公司的客服經理與前任的主委談成了協議，但這紙協議並不符合區分所有權人的決議與利益，很容易就變成廢紙一張，也不會因為出現這樣的結論就能解決問題。

總之，在談判之前應該要先分析所有「權益關係人」的影響力與對我方立場的支持度，確認誰與我方真正屬於同一陣線，且可當成談判籌碼的戰友。並且確定自己談判的對象有足夠的代表性，而且他的立場與影響力、支持度都高的權益關係人是一致的，如此才不至於白忙一場。

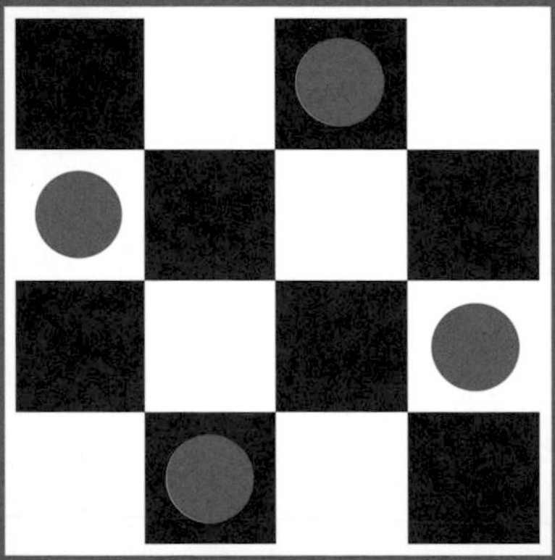

PART 2

實用工具篇

活用談判撇步，擊破各個難題，讓你見招拆招

08 設密碼：

環境安排與影響策略

你懂得「暗示」嗎？

一般談判協商有三種座位安排方式：A是面對面坐；B是肩並肩坐；C是直角兩側，如圖2-1，請問哪一種安排最好？

我記得在上銷售技巧訓練課程時，老師要求我們在推銷商品的時候，應該爭取要與客戶盡量靠近的座位，就如B和C的座位安排，如此才能將目光投向同一方向：商品或提案，並且問客戶：「你覺得這商品具備～～功能，應該值多少？」讓客戶感覺跟我們站在同一陣線，用同樣的立場、角度出發，對商品或方案進行評價。總之，避免採用A面對面的座位安排，因為這等於在暗示對方，我們的立場是對立的，未來在商談任何條件就彷彿拔河，很難達成互利雙贏的共識。

談判的三大影響力

原來座位的安排也能對談判協商產生影響力。什麼是「影響力」？按照丹尼斯．柯恩（Dennis Cohen）和威廉．塔爾海默（William Thalheimer）出版的《影響力策略》（*Influence Strategies*），在談判協商中能用以影響他人的策略，不外乎**「信譽」（credibility）**、**「互惠」（reciprocity）**與**「勸說」（persuasion）三種**。

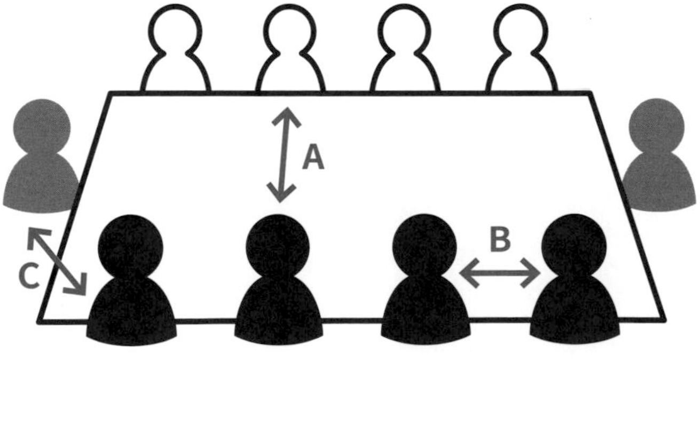

圖2-1／談判協商的三種座位安排方式

信譽的五大來源

個人的信譽來自於「地位」「信用」「專業」「經驗」與「魅力」五面向。

這裡所謂的**「地位」指的是，在社群或職場受到認可的職位或頭銜**，當然也包含那種名片上雖然沒印什麼職位或頭銜，但大家都知道你是這家公司真正的老闆，你說了算！若是這樣的「人物」出來跟你談，往往排場氣勢就不太一樣。

我們常聽到**談判雙方地位要「對等」**！為什麼要對等？如果你獲得了充分的授權，或本身就是那種可以當場說了算的決策者，可是當對方推出來的談判者不僅是沒有獲得授權，任何決定都還要打電話回去請示，或者是當場答應的協議可能不算數，你覺得還需要花時間跟他談嗎？

不過，有時候我們會故意降低自己的地位。

我的一個朋友當年創立自己公司的時候，印了二盒名片：一盒的頭銜印的是「總經理」；另一盒則是印「業務經理」。他說自己一般和客戶見面都發「業務經理」的名片，這樣可以給自己留後路！因為每次報價出去總會被客戶砍，有時砍到他的底線，雖然還有「最佳替代方案」可以因應，但他需要花時間想想，再蒐集一些情報，找出最有利的方案，所以這時候就可以說「我回去跟老闆溝通一下」，其實他就是老闆啊！

先讓地位層級稍低的人去談，為的是要留後路，將王牌（底牌）留到最後。不管是對等或不對等，都是在談判中運用「地位」產生的影響策略。

第二個能強化信譽影響的因素是「信用」。大家都聽過《狼來了》的故事吧！沒有人會在發現自己被騙之後，還讓你有機會再騙他一次。如果你認為這個人沒有信用，還願意跟他談嗎？反過來說，所謂「一諾千金」，一個有信用的人，講一句話可以抵別人講十句話，信用產生的影響力不可小覷。不過，要建立他人對自己的「信任」極不容易，往往需要長時間的累積與經營，但只要做錯一件事卻很容易破壞！所以在溝通談判中，切勿說謊與欺騙，在資訊流通、透明的時代裡，謊言很容易被戳破，又會造成信用的崩壞，實在得不償失。

再者是「專業」與「經驗」。若你的專業能力很強，就算你不開口，對方可能還會請你表示意見。而且你所講的意見，專業經驗不如你的人也沒什麼可多說的，這就是「專業」與「經驗」可以造成的影響力。所以，為了要讓對方接受自己的提議，往往我們會請具備豐富專業經驗的人來背書，提高這方案的價值。

最後是「魅力」，辭典對魅力的解釋是「吸引他人的力量」，這讓我首先想到明星或網紅。在他們的粉絲眼中，不僅認為這位明星或網紅有魅力，而且還會定期追蹤，甚至當明星或網紅呼籲粉絲要環保愛地球，或者是推薦產品或服務時，粉絲們都照單全收！這就是魅力帶來的影響。雖然我們在談判中不會將「魅力」列入籌碼分析，但不可否認「魅力」可以幫助自己在對方心目中留下好印象，強化信任，形成「月暈效應」，有助於對方以正面角度解讀我方的提案，放大手中籌碼的優勢。

如果你既無地位優勢，又沒有傲人的專業與經驗，而且信用也還沒來得及建立，更沒有什麼吸引人的魅力，也就是不具備「信譽」上的談判優勢時，你就必須**拿出條件來交換**，就是所謂的「互惠」。

互惠和互利不同

互惠就是回報，也就是我們前面曾經提過的「互相」：「受人滴水之恩，當湧泉以報」。和之前〈為什麼明明贏了卻感覺輸了？〉（請參考第四十一頁）所講的「互利」不太一樣，**「互利」強調的是理解對方需要，合作找出一個新的解決方案**，讓雙方都可以得利。**「互惠」則純粹是禮尚往來**，過去你對我好，現在我也應當對你好；現在你幫忙我，將來你需要幫忙時，我一定義不容辭，至少不好回絕。問題是我必須先對他有恩，這就像是對方身上有一個互惠帳戶，我之前曾存入，現在才有機會支用。所以，勿以善小而不為，勿以惡小而為之，誰知道前面所種的因，會在後面結出什麼樣的果。廣結善緣與各方都保持良好的關係，說不定在哪一次的談判協商中就會成為你的優勢，影響對方願意接受有利於我方的決定。

如果既沒有「信譽」可以用，又沒有「互惠」可以換，那就必須熟練「勸說」的技巧了。

話術的魔力

「勸說」或「說服」其實在談判協商中指的就是「話術」。還記得前面要在A或B商店，購買X產品的例子嗎？（請參考第五十九頁）如果我是B商店，打出廣告說「一樣的X商品，卻比A商店便宜五百元」，或是「一樣的X商品，只有A商店的對折價」，哪一個聽起來比較有吸引力呢？其實都是差五百元，但**說**

法不同，卻會因為心理帳戶而影響理性判斷，造成的感受就不同，當然產生的影響效果就不同。

就像是二〇二〇年三月，政府准許超商販賣口罩，每個五元，每人限購三個，但需要加運費七元，也就是每人的總成本為二十二元。我看到家附近一家超商打出廣告「口罩三個二十二元，免運費」，另一家打出的廣告是「口罩三個含運費三十元，輸入會員碼立減八元」，你覺得這二種說法哪一種對你有吸引力？雖然總價都一樣是二十二元，但調整過的講法一定比原本講「再加運費七元」讓人容易接受，這就是話術的影響力。更何況「輸入會員碼立減八元」的做法，還為這家超商帶來了數以萬計的新會員。

「信譽」「互惠」和「說服」這三種影響他人的策略哪一種最有效，效果也最好？**當然是「信譽」**，所以想增加自己談判上的影響力，甚至「不戰而屈人之兵」，就必須從信譽所包含的「地位」「信用」「專業」「經驗」「魅力」這五個方面入手，平時努力累積這方面的條件。當然，由於信譽累積需要花時間，平時多多廣結善緣，與客戶、供應商、上司與同事都保持良好的關係，在對方的互惠帳戶中多預存一些，以備不時之需。

「勸說」的效果雖然短暫，但遇到異常冷靜、理性的人卻不見得有用，不過畢竟大部分人的理性是有限的，所以如何調整自己的說法，讓對方感覺好到甚至覺得自己賺到，這就是在面對初次談判協商的對象時，必須注意的地方。當然，這些用以說服的話術是需要設計，也必須練習的。畢竟熟才能生巧，這樣才能提升自己的影響力，放大手中籌碼的價值。

09 調頻道：針對四種風格的對應策略

你是急性子，還是慢郎中？你講話喜歡拐彎抹角，抑或是單刀直入？你比較理性或感性？你重視成果還是過程？這些都是**所謂的「個性」，或稱之為「個人風格」**，**也就是「一個人在別人面前所表現的一貫行為模式」**。既然是一貫的行為模式，所以「個人溝通風格」其實就是指你習慣或喜好的溝通方式。由於自己喜歡或愛好這件事，所以常常這樣做，慢慢就成了習慣，所以這也將形成你在溝通行為上的特定模式。

在談判中如能掌握對方的個人溝通風格，就能夠預測對方行為，以及重視的要點，避免衝突、良性互動，進而正確對應、強化互信、成功達成共識。**這就像看電視或聽廣播要調頻道一樣**，由於個人喜好與習慣的溝通方式不同，我們應該依照對方的風格類型，調整自己的對應方式。

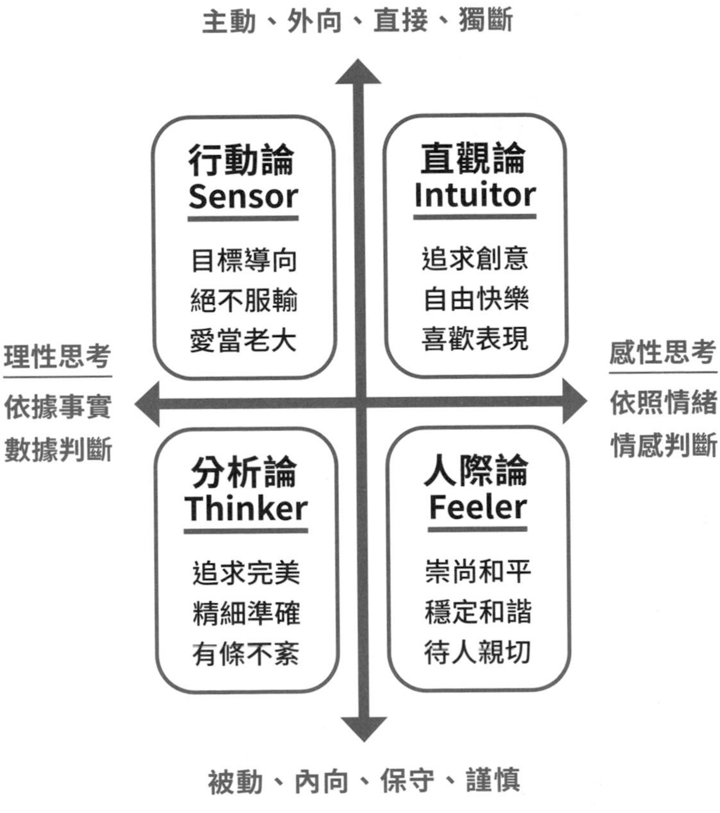

圖2-2／榮格的四種人格類型

分辨對方屬於何種個人風格

分析心理學的鼻祖卡爾・榮格提出每個人都可以按照二個維度分成：**行動論（Sensor）**、**分析論（Thinker）**、**直觀論（Intuitor）**、**人際論（Feeler）**等四種個人風格。

圖2-2中，橫軸上方稱為主動性強，外向、直接、獨斷；下方則是被動性強，比較內向、保守、謹慎。縱軸左半邊傾向以事實為主，不憑個人的情緒判斷，完全依據事實、數字決斷，這是理性思考；右半邊則偏向感性思考，決定的時候依照自己的想法，或者對別人怎麼想的猜想，依據個人的情緒和情感的體會來決策。

無效率的特質	喜歡的溝通方式
・短視的 ・求取個人地位的 ・事必躬親的 ・不思而行的 ・缺少對人的信任 ・跋扈的 ・傲慢的 ・缺乏耐性	又稱為「老闆型」或「支配型」。喜歡有話直說，不拐彎抹角、不說廢話，希望對方講重點、說快一點。對過程、原因的解釋沒興趣，重視成果、承諾與行動方案。
・嘮叨的 ・猶豫不決的 ・小心過度的 ・分析過度的 ・呆板無趣的 ・沒有活力的 ・內斂且愛控制的 ・過分嚴肅僵硬的	又稱為「思考型」。 喜歡說事實、數據、依據、證據，注意過程與細節，希望對方說話有條有理、有架構，並且將來龍去脈說清楚。當聽到「我感覺」「我認為」時，會不放心。
・不實際的 ・漫無邊際的 ・充滿幻想的 ・心思不集中的 ・矯揉造作的 ・與現實脫節的 ・武斷的 ・不切實際的	又稱為「表現型」。 很願意表達自己的想法，喜歡大家聽自己講話，並且獲得關注與掌聲。對他人的意見，較注意想法而非做法。不喜歡按程序，想到什麼就說什麼。
・衝動的 ・操縱的 ・過分重視人的因素 ・多愁善感的 ・拖延的 ・自責的 ・造成衝突的 ・主觀的	又稱為「和諧型」。喜歡會談的氣氛和諧友好，總是避免衝突發生的可能，會親切問候並溫暖地照顧身邊的人。當對方嚴肅地談論某事，或咄咄逼人時，會感覺不舒服。

類型	典型行為	有效率的特質
行動論	突兀，間斷的。能抓住重點，也希望別人跟他一樣。打斷別人的交談。想要控制談話的進行。辦公環境呈現一種強勢的氣氛，通常是一團亂。缺乏耐性。通常獨自決策或解決問題。	・實事求是的 ・果斷的 ・起帶頭作用的 ・結果導向的 ・冷靜客觀的 ・具競爭性的 ・自信的 ・積極的
分析論	「公事公辦」卻缺少活力。聲調沒什麼變化。以有序的、測量過的方式，逐項談事情，鉅細靡遺。有時談話也有基本規則，如：「我們先談你的事情，還是我的事情？」喜歡解決問題與制定決策，並且深思熟慮地衡量資料。	・有效的溝通者 ・細心的 ・審慎的 ・權衡輕重的 ・穩定的 ・冷靜客觀的 ・理性的 ・會分析的
直觀論	話多但冷漠。不親切。常會離題。不在意他人的時間。長於提出看法與意見。對一些決策或問題有新鮮的想法。比起執行既定事物，較喜歡創造新的計畫。行動屬於未來式的、具可能性的。	・原創性的 ・富想像力的 ・有創造力的 ・思緒寬廣的 ・狂熱的 ・理想主義的 ・機智堅定的 ・意識流的
人際論	溫暖而友善，有時稍顯過分。似乎不太會區分公私事。詢問他人現狀。喜歡「閒扯」。在做決策或解決問題之前，想要知道每個人的感受。	・自然不做作的 ・有說服力的 ・同理心的 ・傳統的 ・好問的 ・自我反省的 ・能讓人傾訴心事的 ・忠實的

表2-1／**如何對應榮格的四種類型人格？**

精準對焦四種風格

同樣依據榮格的理論，我在前頁表2-1中整理出這**四種風格的典型行為、特質與喜歡的溝通方式**，幫助你準確分析、正確對應。藉由四種個人溝通風格的分析，掌握對方的風格，將幫助自己快速擬定談判策略，注意對應的方式。問題是，我要如何判定對方屬於何種風格？

速寫四種人格的特色

除了提供此表格對照之外，這四種類型都有一些常見的行為，可以幫助我們準確定位對方的個人風格：

「行動論者」常見的行為是：做事快，說話、行動、思考也快。總之，外界有什麼風吹草動，他們會迅速反應。這種人不喜歡複雜的事情，比較重視結果，甚至「為達目的不擇手段」！別管我過程怎麼做的，反正達成目標最重要。常常會說「做大事者不拘小節」「一百個計畫抵不過一個執行」「先做了再說，有做就有希望」等話語。而且，行動論的人由於缺乏耐性，往往在會談中沒過三、五分鐘就想打斷或插嘴，也很難久坐，往往沒幾分鐘就開始坐立難安，甩筆、滑手機、抖腳、寫寫畫畫……總之就是靜不下來。

「分析論者」與「行動論者」同屬於理性思考的專家，但「分析論者」做什麼事都要先仔細分析一番，而且不像行動論者做了決定以後，就馬上急著開始行動，**分析論者總是遵循「三思而後行」**，因為他們要求完美，一定要想清楚了才去做，蒐集完整資訊後再出手，避免冒險、犯錯。但是也因為向來循規蹈矩、有條有理、按部就班，什麼事都公事公辦，所以往往比別人慢半拍。又因為追求完美，非常謹慎細心，甚至會吹毛求疵，雞蛋裡挑骨頭，專注一些小細節，常常喜歡追根究柢。協商談判時語速慢，表情嚴肅，也不隨便下結論。

「直觀論者」對任何事都很有自己的想法。這類型的人也喜歡思考，但是他們和分析論者不同，分析論者想的是手中的事實、證據、依據和資料，但是直觀論者喜歡看別人沒有看到的，喜歡想別人尚未想過的。直觀論的人創意豐富，敢於想像。他們不喜歡枝微末節的事情，也不喜好做任何事情一定得按部就班，服從規則。**他們熱愛突破思維的陳規，做法與眾不同**。直觀論的人思考沒有界限，又愛好表現自我，就要做一些與別人不一樣、但又能讓他們充滿激情的工作。所以這種人講話時很有感染力，很願意站在大家的面前，非常喜歡接受大家的肯定與掌聲，這似乎是他們賴以生存的養分。

「人際論者」顧名思義非常重視他人的想法、看法，喜歡用感性的方式理解這個世界。他們不會一板一眼、很嚴肅地看資料、事實和依據，他們用個人的情感去體會周遭的人事物。**他們總是在意別人怎麼想和說，希望共好，周遭的人都和諧共處**。所以「人際論」的人在溝通談判時，往往不自覺會沒完沒了地閒話家常，又會帶著微笑噓寒問暖，讓你覺得就像是認識多年的老友一般。

從外觀特徵研判四種風格

此外，我們還可以由外觀特徵來分析這四種人。

「人際論者」給人的感覺是溫和、平和，音調不高不低，細聲細氣，總是顧慮別人的感受。**就是搭配衣服，也要先問大家穿什麼顏色**，他不喜歡和別人不一樣。「分析論」者同樣屬於被動、內向的性格，但這類型的人往往不會顧及他人，他不管別人穿什麼，**總是把自己的頭髮梳得整整齊齊，衣服每顆扣子都扣好好的，顏色也絕不會花俏，甚至略嫌呆板**。「行動論」者也一樣偏理性，但在外觀上通常比較大氣、不拘小節。**他最厭惡這裡要打領帶，那裡要放什麼配件。他喜歡簡約，重視服裝的功能性**。如果打球就穿運動服；若打高爾夫就要穿高爾夫球裝。**「直觀論者」則永遠有辦法讓人不得不注意到他**，雖然不是要標新立異，但他們總是能和大家不太一樣，因為喜歡與眾不同，想要表現自己的Style。

有一次我在課堂上，讓大家猜猜我屬於哪一類型的人。有人猜我是「直觀論者」，理由是我在課堂上非常有活力，又能夠帶動氣氛。不少人覺得我像「分析論者」，因為看我穿得整齊乾淨，還打了領帶，頭髮也梳得一絲不苟，而且講課有條理，還能引經據典。也有學員猜我是「行動論者」，雖然講話沒那麼快，但舉手投足間很有自信。還有人猜我是「人際論者」，因為富有親和力，讓人感覺很容易接近，不會有壓力。有人乾脆猜我是混合型的。其實每個人都是混合型的，四種風格都多多少少具備，只是強弱搭配不同。

在另一次上課的時候，有一個同學就準確地抓到了我的行為特徵。他說：「老師，我覺得你在課堂上雖然顯現了很多『直觀論者』與『人際論者』的特徵，但是下課休息的時候，你就流露出『分析論者』的本性，因為你只是靜靜地坐在講桌前弄電腦，講桌上的東西也擺得整整齊齊的。如果你是『人際論者』，一定會把握機會和大家親切地交談，打成一片，但是你都沒有主動與我們交談，這完全不像『直觀論者』與『人際論者』的行為。」

類型	肢體語言密碼	
行動論	・說話快、聲量大、語調平、話不多 ・會運用事實與資料、只關心結果 ・對人際關係處理較粗心大意 ・不會傾聽、喜歡插嘴、易怒 ・會用手指別人、手掌常合起來 ・表達意見時向前傾、避免身體接觸	・握手時有力且正式、直接目光接觸、控制過的面部表情、姿勢顯得有自信 ・動作迅速、手勢很大 ・沒耐心、腳打拍子、手指敲桌面、用筆敲東西
	★ 重點資訊：速度，「現在就照我的話做！」	
分析論	・說話緩慢，較溫柔但單調、話較少 ・多運用事實與資料、重視過程細節 ・不關心人際關係 ・批判式聽者、很容易提出批評 ・握手時溫和且正式 ・避免目光接觸、控制過的臉部表情	・姿勢顯得猶豫不決 ・手部放鬆或成杯狀 ・手掌緊閉、雙臂交叉 ・表達意見時向後傾、避免身體接觸 ・動作緩慢穩定 ・評估的手勢、搓下巴、擦眼鏡
	★ 重點資訊：精準，「做得對，做得準！」	
直觀論	・說話抑揚頓挫、話多且越講越多 ・以人為主、多運用意見與故事 ・選擇性地聽、喜歡插嘴、容易分心 ・情緒化——自由地表露感覺及興趣 ・會用手指別人 ・手掌打開	・握手時有力且正式、直接目光接觸、活潑的臉部表情、輕鬆有自信的姿勢 ・喜歡身體接觸、鬆散的手勢 ・表達意見時向前傾 ・停不下、到處移動、頭部晃動
	★ 重點資訊：有活力，「做且做得高興！」	
人際論	・說話緩慢、較溫柔、話不多 ・以人為主；多運用意見與故事 ・全力與人接觸、很好的聽者 ・不情緒化——隱藏感覺 ・握手時溫和且正式、避免目光接觸 ・表達意見時向後傾、喜歡身體接觸	・活潑的面部表情、姿勢顯得安靜 ・猶豫不決 ・慢慢點頭、頭傾向一邊 ・手部放鬆成杯狀、手放口袋中、手掌打開 ・動作緩慢穩定、手勢不大
	★ 重點資訊：友善，「準備好才做，但一定要做！」	

表 2-2／四種類型人格的肢體語言密碼

在溝通談判中，我們只要依據對方當時的表現行為去判斷他哪一種類型正在「發作」，按此正確對應，就可以成功有效率地進行談判協商。

由肢體語言密碼推敲四種風格

表2-2是我針對榮格所說的四種類型，分別整理了他們的肢體語言密碼，幫助你更準確進行判斷。

為了要掌握對方的個人溝通風格，選擇有效的對應模式，才能成功達成共識。首先必須觀察對方的言行舉止，蒐集對方的行為樣本，並利用以上所整理的資訊進行分析、比對，對應正確的風格類型。

這個程序是需要練習的，建議你可以從身邊的親朋好友開始練習，唯有「練習、練習、再練習」，方可熟能生巧，日後就能在談判中精準掌握對方的風格類型，見招拆招。

10 開天線：多理解就少誤解

掌握了對方的個人溝通風格之後，要如何因應不同的風格類型各個擊破呢？

我們都聽過「江山易改，本性難移」，不要說改別人，連自己的個性也不是能說改就改的。所以**當我們觀察出對方顯現的風格類型之後，是自己要調整與其對應的方法**。〈調頻道：針對四種風格的對應策略〉已經為你整理了每一種風格類型喜歡的溝通方式，在此讓我們更進一步討論，在談判過程當中常需要應對的二種情境，那就是「說服對方」與「避免衝突」。

「說服」就是第九十四頁講到影響他人的第三種策略：「勸說」。學習了四種個人溝通風格類型的工具之後，我們可以更有系統地整理對應不同類型的「話術」或「說服」的方式，做到見招拆招。

針對「行動論者」：充滿自信、講重點、不宜用開放式提問

由於「行動論」的人喜歡簡明扼要的溝通方式，所以在與其談判時，應該清楚明白、講重點。既然是「重點」，最好一點就好，兩點勉強，三點就是極限了，千萬不要還有第四點，而且只要講和他利益相關的要點，以及接下來的行動方案即可，因為這才是他想聽的重點，所以也常有人稱之為「實用論者」。尤其**「行動論者」很沒耐性，無法聽你慢慢闡釋，所以講話的語速也要隨之調快，不要讓他覺得你故意拖延，或是在浪費他的時間**。

「行動論者」的另一個稱呼叫「老闆型」，在有些分類裡稱為「支配型」，顧名思義就是這類型的人喜歡當老大，不習慣聽別人的號令。也就是說，他不願意被說服，聽命於他人。如果要說服「老闆型」的人，一定要讓他覺得這個決定、選擇是他自己做和選的。所以，絕不能用類似命令的口吻，連建議都不行！但如果你用開放式的問句詢問他的想法，他又會覺得不耐煩，甚至說出：「你沒

有準備方案嗎？」「為什麼要我來提？今天你來，不是應該由你準備嗎？」等責怪你的語句言詞，這其實是要掩飾他自己也沒什麼明確想法的現況。

既然是要說服對方，我們當然要讓對方的回覆落在我們框架之中，也**不宜使用開放式的問句提問**。「行動論」的人既然喜歡做決定，我們在說服對方的時候，就應該讓他覺得這個決定是他做的，**所以一定要問「是非題」**，如：「如果我們～～做，你覺得可以嗎？」「我們先～～，再～～，你覺得可以嗎？」對方只要判斷可以不可以。雖然都是我方提供的方案，但要讓「行動論」的人覺得，這是他的決定。

「行動論」的人總是表現出積極有自信的樣子，他也希望別人跟他一樣。所以，當他反問你對於這個方案「有多大把握」或「有沒有信心」的時候，千萬不能遲疑！一定要立刻以宏亮的聲音與自信的眼神，回覆正面的答案，如此才能取信於他。

避免誤觸「分析論者」的地雷：靠數據說話、保持整潔

「分析論者」又稱為「思考型」，在溝通、協商時喜歡以數據、證據說話；與「行動論者」不同的是，「分析論」的人非常注意程序與細節，喜歡看到密密麻麻的數據圖表，而且常常會問得很細，甚至會追問你的數據出自哪裡？總是一副懷疑又不信任的樣子，所以也有人稱這種人是「懷疑論者」。

要得到「分析論者」的信任並不容易，他們喜歡說話有條有理、有架構，溝通談判要先排出議程，對於意料之外的議題充滿防衛，而且一**聽到「我感覺」「我認為」這種開頭的資訊就心生排斥**。

由於「分析論」的人做決定需要大量的事實數據作為依據，在沒有蒐集完整的相關資訊前，千萬別急著去找這類人談。他們與「行動論者」不同的是，你不能只提供一個方案，用是非題確認，因為「分析論」的人相信「貨比三家不吃虧」，什麼事情都習慣先分析、比較一番，所以往往不會輕易接受你推薦的唯一

方案。要說服「分析論」的人，**一定要找「對照組」來襯托你提議的方案是多有利於他**。正如前面第五十九頁提到「心理帳戶」的運用，儘管都是事實數據，但我們可以盡量正面引導，凸顯所提方案的優勢。

與「分析論者」溝通協商時，還要特別注意避免一些會分散他注意力的因素。大多數的「分析論者」都有某方面的潔癖，比如說看到對方指甲很長、牙縫塞了菜渣、對方頭髮或臉上沾了東西，還是看到文件上的釘書針訂錯方向等等會讓他覺得受不了、不舒服的景象，都將導致他沒有心情好好與你談下去。所以，我常開玩笑說，在與「分析論者」談判協商要先齋戒、沐浴一番，其實就是要先探知他的一些習慣與堅持，避免誤觸地雷，導致他不想與你繼續談下去。

聽「直觀論者」高談闊論，讓對方覺得結論是他自己想出來的

「直觀論者」大概是最難說服的對象。這類人很有自己的想法，也很願意表

達自己的想法，但卻對其他人的提議沒啥興趣。對於他們而言，最好、最有創意的想法就是自己想的！所以要說服「直觀論」的人，就是讓他們覺得這個方案根本跟自己想得一樣！但要如何讓他們覺得我的方案跟他一樣呢？因為你可能會覺得事實上真的不一樣啊！

首先要讓「直觀論」的人覺得你很重視他的意見，並且喜歡他的想法，因為這類人希望自己被大家認同、肯定。所以我們要先請他發表想法，而且在他說的時候，用欽佩、仰慕的眼神看著他，並且發出讚嘆聲：「哇！好棒的想法！」「好厲害的創意！」「我都想不到還可以這麼做」等。同時記筆記，特別將他不斷重複提到的字眼寫下來。等對方終於發表完偉大的見解之後，再把自己原本準備要說服對方接受的方案，冠上他剛剛不斷重複提到的字眼，讓這個方案聽起來就像將他的想法充分落實的最佳方案，這樣他當然可以接受！

但或許你會擔心，萬一他聽出來這不是他原來的方案呢？放心吧！「直觀論」的人往往天馬行空說了一大堆，也很難記得清自己講了些什麼！就算原來有想法，也多半停留在想法而沒有做法。只要你能讓他覺得，這個方案、做法能夠連結他的想法，落實他的夢想，當然對方就沒有不接受的道理。

總之，**千萬不要反駁「直觀論」的人，他不會跟你辯論，只會不想跟你談下去**。預留充足的時間聽完他的高談闊論，你將能從他的話語中找到機會與自己的提議相結合，得出一個讓他欣然接受的共識。

對「人際論者」要「動之以情」

「人際論者」總是觀察別人，體貼別人的相法和需要，自己通常不怎麼堅持，因為他希望大家都滿意、和諧和樂，又稱為「和諧型」。他們非常在意別人的反應，所以當你和「人際論者」討論某個問題時，應該先蒐集其他人的意見或回饋，最後才來與「人際論者」討論。當他問：「別人怎麼說？」時，你就可以回答：「我已經問過大家的意見了，A同意，B同意，C也同意，總之

ABCD……XYZ大家都同意，接下來就看你的決定了。」這時候他頂多稍微想一下，最後一定說：「既然這樣，那就聽大家的吧！」

如果對**「行動論者」要「誘之以利」；對「分析論者」要「說之以理」；那麼對「人際論者」就應該「動之以情」了！**其實**「人際論者」也是在談判裡唯一可以用「示弱」換取同情的類型**，只是在談判中會以「人際論者」做為主導風格表現的談判者實在不多。但千萬不要覺得「人際論者」好騙、好欺負，**他們也是最在意彼此是否「互惠」與「真誠」，並且重視「關係」維繫的類型**！一旦覺得你並非誠心誠意，他將會逃避與你溝通。

以推銷商品來說，如果對方是「人際論者」，你可以說：「這個東西現在很流行，很多人都買，大家都在用。你也該買一份！」但如果是對「直觀論」的人就不能這樣說了，因為他們本來就不喜歡跟大家一樣，或許你提：「全球限量，台灣只有進三件，所以這麼貴。我敢保證你出去絕對不會碰到第二件和你一樣的。」這更能夠吸引他，而且價錢貴也不是問題。

總結四類重點及靠四提問練習知人

表2-3整理了說服四種類型的著力點，以及避免與該類型衝突的注意點。

溝通要看對象，風格類型不同就應該用不一樣的方式溝通談判，這叫見招拆招。如果你覺得這個人難以溝通，可能是用錯了對應的方法。**沒有不能溝通的人，只有用錯對應方式的人**。我們不妨以下頁這四個問題來練習一下：

類型	說服該類型的著力點	避免與該類型衝突的注意點
行動論	簡明扼要講重點！讓他做決定。	加快語速，先講重點，不囉唆！
分析論	備齊資料，引經據典，三方案比較。	注重細節，強調數據，少講感覺。
直觀論	讓他說！注意聽！引用他的話。	讓他先說！注意聆聽！絕不反駁！
人際論	動之以情，以他人的意見引導。	多些耐心，從好友的角度思考。

表2-3／說服四種類型及避免衝突的重點

1 你曾經遇到過難以溝通的人嗎？（千萬別寫上他的名字，做個記號心裡明白即可）

2 你認為他屬於何種類型？（比較像是「行動論者」，還是「分析論者」「直觀論者」「人際論者」）

3 如果要說服他，你認為該採取何種策略？（說服該類型的著力點）

4 你認為該如何與他相處，以保持和諧關係？（避免與該類型衝突的注意點）

「多理解就少誤解！」由於每個人都有其溝通風格，人人都有自己喜歡或習慣溝通的模式，而且「江山易改本性難移」，**效率最高的溝通方式就是順應對方的類型，用他喜歡的方式說服，避免觸及他不喜好的方式，以免造成衝突**。四種「個人溝通風格」是在溝通談判中相當實用的工具，幫助我們在短時間裡，快速了解並掌握溝通談判對象的風格類型，進而選擇正確的對應方法，避免誤踩對方的地雷產生衝突，維繫良好關係，讓談判協商可以順利產生共識。

11 解bug：除了「盲點」更有「聾點」

我們都聽過「盲點」這個詞彙，但你知道還有「聾點」嗎？

人在視線範圍內無法看到的地方，就是視覺「盲點」；同樣地，**每個人身上都有「聾點」，這是指基於心理上的某些原因，而不想談及或碰觸的話題**。當一個說話者所用的字眼，觸及我們的「聾點」時，我們便會不自覺地避開，以保護自己的敏感區域。這就像剛失戀的人會避免欣賞文藝愛情片；當旁人談及誰與誰在一起、很幸福之類的話題時，自己就會想要轉換話題，這就是所謂的「換頻道」現象。例如：我們避免在公開場合談論政治、性或宗教的議題，原因在於這些都是最容易造成「聾點」的敏感性話題。一旦遇到敏感性話題，聽的人不是自動轉台，就是忙著思考如何反駁，最後只顧著自我防衛而無法專注傾聽並蒐集對方

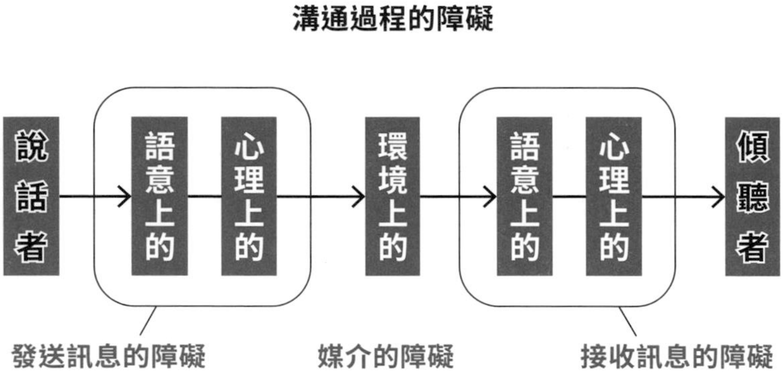

圖2-3／三種溝通障礙

所表露的訊息，這將會導致我們在談判中錯失關鍵資訊，甚至會因為錯誤不當的回應而造成最後無法達成共識。

溝通談判過程的三種障礙

在溝通談判的過程中，說話者傳達的資訊往往會遇到以下三種障礙，導致傾聽者無法完整接收或正確解讀。

1 環境上的障礙：噪音、干擾、音量、傳遞設備不穩定或其他分散注意力的事物。

2 語意上的障礙：文字或措詞的意義混淆、語言不通、說話雜亂無章等。

3 心理上的障礙：本位主義、以偏概全、驟下定論、主觀偏見、情緒反應等。

在談判協商的情境中，這三種障礙一旦發生，都將造成傳遞的訊息難以完整被雙方接收，導致誤解、誤判，甚至衝突。**其中又以心理上的障礙最難排除，造成的負面影響也最大**。

該如何處理談判過程中的心理障礙？

心理障礙會導致談判雙方對於「事實」與「意見」的混淆。

「事實」通常是已經發生過，可以加以驗證的，只要拿出經過檢證的事實證據，就沒有什麼可爭論的，所以大家才會說「事實勝於雄辯」。若依據事實判斷，兩方較容易達成共識。而意見則是個人主觀的想法、看法、判斷。如果說

「我覺得這個方案很不錯」，這是個人主觀想法的表達，是意見。若是結論是憑個人的經驗或直覺而來，也是一種意見。意見的交流容易產生分歧和爭議。

如果希望會議上能夠順利達成共識，在開會之前就要多多準備事實資料。如果事實資料夠充分，當然便能節省很多解釋或爭論的時間，快速達成共識。所以在安排討論議程時，通常會把容易達成共識的事情放前面；把預期會產生較多爭議、難以達成共識的放在最後面。如果一開始就討論雙方爭議較大的議題，不僅難以形成共識，甚至會發生衝突，破壞彼此的互信關係。

在雙方初次談判、協商時，心理上的障礙往往來自於主觀偏見或情緒經驗。因為不喜歡對方的菸味，或是覺得對方說話囉唆、沒重點，就不想說、不願意談，這就是一種心理障礙。如果雙方原本就認識，更有可能因為過去的溝通經驗不良，形成「反正他都不聽我講話」「這個人難以溝通」「他總是自私自利、不管他人」的主觀印象，而對彼此的溝通抱著消極的態度，甚至不願意談下去。

辨明你的「敏感字眼」

對於傾聽者而言，形成心理障礙的主要因素不外乎是「敏感字眼」與「加料」。

什麼叫做「敏感字眼」？有許多字句會引起人們特殊的聯想，而妨礙了有效的傾聽。當我們聽到某些字眼或詞句，立刻會被以往的印象所影響，這可能是由於過去聽到這些字句時，曾經產生某種情緒或感受，我們因此不自覺地賦予它們某些特殊意義。

往往我們會因為對方提及敏感字眼而產生強烈的情緒反應，造成自己無法再繼續有效地傾聽。每個人都有不同的敏感字眼，比如說，「鐵公雞」指的是一毛不拔、小氣、吝嗇的意思。但是，同樣的字眼對不同的人來說，敏感程度卻不一樣。若是平常小氣的人，聽到別人叫他「鐵公雞」，可能就會比平常很大方的人，聽到這樣的稱呼來得更敏感。

有些詞彙，隨著時空的演變，也會產生不同的敏感程度。比如「女強人」這個稱號，原來是代表這位女性精明能幹、事業有成，但是現在很多人不喜歡被稱為「女強人」，因為很多電視劇都把「女強人」演得事業很成功、婚姻很失敗、家庭很破碎，竟塑造出負面的印象。

談判中，如何「去料」？

之前我在輔導一家公司的客服部門處理客戶投訴的時候，接觸了一個案例。一位客戶怒氣沖沖地打電話投訴：「你們的產品簡直是廢物，買來當天就壞掉了，這種東西連送給仇人都不配！」**請問這段話當中有沒有「敏感字眼」？哪些是「事實」，何者為「意見」**？如果你對於客戶說公司的產品是「廢物」「仇人」「不配」會產生情緒反應，這些就是會造成你情緒反應的敏感字眼。而且，除了「買來當天就壞掉」可算是事實之外，「簡直是廢物」「連送給仇人都不配」都僅是意見。**將這些會挑起情緒反應、又非事實的「敏感字眼」，加入話語中的行為就是所謂的「加料」**。

從事服務業的員工經常會遇到客戶投訴，不僅投訴的語氣常常粗暴惡劣，而且肯定充滿「加料」。由於顧客想要在談判的時候，讓公司更重視自己的需求，或是凸顯對方的劣勢，往往會不自覺地「加料」。問題是，「加料」會激起對方的情緒反應，導致無法理性、平和地談判下去，將談判帶向情緒化對立與衝突的惡性循環。

為了讓談判能夠在理性、平和的氣氛下進行下去，我們應該**對加料的語句進行「去料」**，簡單說**「去料」就是留下事實、剔除意見的程序**。以前面的客戶投訴為例，我們將「買來當天就壞了」這個事實留下，而將「簡直是廢物」「送給仇人都不配」這些加料去掉，去料之後的結果是「你們的產品買來當天就壞了」。這就彷彿在耳邊擺了一個篩子，只聽進對方所描述的事實，將其餘的「料」都擋在耳外，讓自己的心情不受影響。也絕不回應那些「料」，才不會雪上加霜，惡化雙方的關係。

遇到別人「加料」，怎麼辦？

由於加料往往會激起情緒上的對立與衝突，甚至造成溝通中斷，所以我們在溝通談判中也應避免加入負面、暗示的敏感字眼，挑起對方的情緒。那麼如果遇到對方「加料」呢？有時我們會因為對方使用敏感字眼或加料的刺激，而出現憤怒、緊張等負面情緒。如果不能先放下這些情緒，往往會不自覺地反映在接下來的溝通上。所以，**一旦察覺自己的情緒尚未釋放或平復，千萬別急著進行溝通談判**。就怕帶有情緒的言語破壞彼此的關係，讓溝通更加困難。

先處理好心情，才能將事情處理好。學習理解並尊重對方的想法與需求，避免使用夾雜「敏感字眼」的「加料表達」；同時懂得用「去料」，讓自己保持理性平和，如此必能有效處理衝突，成功談出互利雙贏的共識。

12 控音量：
從OK象限中判斷自我狀態

例句一：

甲：「我認為你的想法並不實際，不僅會造成成本提升，交期也可能延誤。」

乙：「你覺得該如何避免成本提升，並且能如期交貨？」

例句二：

甲：「不會有人比我給你的組合更優惠了，我誠心建議你接受這個提案。」

乙：「如果搭配這個優惠組合來進行，你覺得可以接受這個提案嗎？」

以上二組例句，甲、乙說法的目的是相同的，你覺得談判對手較能接受哪一種說詞？

既然成功的談判必須以互利雙贏的共識為前提，雙方的對話就應該架構在平等與尊重的基礎上，以上的語句是否表現出「平等」與「尊重」？除了注意座位安排，以及謹慎稱呼對方的頭銜之外，**最容易讓對方「有感」的就是講話的「語氣」了**，而這又跟「ＯＫ象限」與「自我狀態」有密切關係。

理解自我狀態跟語氣的關連

在我的課堂上，往往以「ＯＫ象限」來解釋「自我狀態」（ego state），而在「交流分析」（Transactional Analysis）的理論中我們了解到，**人與人相處時有三種「自我狀態」，分別是「父母」「兒童」「成人」**，分別對應在ＯＫ象限的不同位置。而每一種自我狀態也會連接到習慣使用的「語氣」，也就是「溝通

圖2-4／溝通回應風格在OK象限中的對應

回應風格」。

右上角的區塊是「我OK、你OK」的「成人型」。成人的自我狀態代表除了自認OK外，也認為對方是OK的。既然我說話有自己的道理，你說話也有你的理由，那麼我尊重你的意見，你也聽聽我的想法，雙方站在平等的立場上，討論討論，商量商量，找出一個雙方都OK的方案或結論。本區塊代表的是從平等的立場，追求雙贏的共識。使用的則是「體恤型」與「探索型」二種溝通回應風格。

左上角是「我OK、你不OK」的「父母型」。溝通時身處在此自我狀態的人，總是要對方聽自己的。因為覺得自己OK，但認定對方不OK，或是不認為對方有什麼好的方案，所以希望對方接受自己的想法或方案；至於對方講什麼，他並不是很在意，也沒興趣聽。像「批判型」與「建議型」這二種溝通回應風格，都是屬於單方面要求對方依照自己的想法、要求去做，所以都屬於「父母型」。

當然，有道是「一個願打、一個願挨」，在「父母型」的對角區域是「我不OK、你OK」的「兒童型」。對於對方所說的，要麼是順從，要麼就逃避，倒也跟希望強勢主導的「父母型」滿搭配的！如果我們只想著要對方依從自己的想法或方案，並不願意傾聽甚至採用對方的方案時，意味著你想要將對方壓抑成「兒童」的自我狀態。問題是在談判協商的時候，對方會願意當「兒童」，一味地迎合你的想法嗎？又或是避而不談，也讓溝通難以繼續？

最後，左下角「你不OK、我也不OK」的象限，代表我認為你說得不對，但是我也沒什麼對的想法，反正全世界沒有人是對的！遇到這種「病態」的情況，還談得下去嗎？正常的人際溝通交流，不外乎是雙方以「父母」「成人」「兒童」三種自我狀態交互切換對應，只要任何一方出現「病態」的行為或講法，這回的溝通就面臨中斷。但有時**對方出現「病態」的反應**，有可能是不久前才遇到了非常不如意的事，導致無法理性、平和地談下去，所以我們**通常會先在此打住，換個時間再談**，或許下次會有機會能夠心平氣和地談出好結果。

多用「成人型」的「體恤」與「探索」表達

為了讓談判、協商能夠在「平等、尊重」的氛圍下進行，我們應該**盡量使用「成人型」的「體恤」與「探索」，而避免使用讓對方不舒服的「批判」與「建議」這二種「父母型」的溝通回應風格**。語氣使用不當，可能會讓雙方之間產生誤解，甚至造成談判破裂。所以如何使用恰當的語氣非常重要。以下就針對四種溝通回應風格的說詞與特性進行說明。

一、「批判型」回應

「批判型」回應（critical response）所表達出的判斷或評估，常令人有一種在奚落自己的感覺。不論你表達的是贊成或反對，這種回應方式通常來自於自己本身喜歡批判他人的天性。這種作風時常表現出質疑他人所說的話和對事情的看法。即使人們說他們想要得到意見與回饋，但是無論你是否出自好意，大多數的人仍然對批評無法釋懷。

由於**「批判型」的回應常被認為是一種威脅**，很容易讓對方覺得被排斥和被歸類，而造成情緒化的程度升高，因此不願再做任何相對的回應。當我們變得愛批評時，可能就會掉入負面心態的陷阱中，它使我們漸漸變得不客觀，並且容易驟下錯誤或未成熟的結論。

本文一開始的「我認為你的想法並不實際，不僅會造成成本提升，交期也可能延誤」就是典型的「批判」。

「批判型」回應常見的句型如下：

- 你總是（常常、每次）都～～
- 你一定又～～
- 我認為～～
- 我覺得～～

有許多因素會導致我們做出「批判型」的回應，**其中之一是時間的壓力和優先順序的衝突**（例如：我們有其他事情要做，而沒時間聽別人談他的問題）。**另一個是彼此的價值觀和想法不同**，因而使我們產生偏見。還有一個就是**當我們想要和他人分享本身的經驗和需求**時，往往會不經意地採用了讓他人認為是批評或評斷的方式。

「批判型」的回應會產生三個不良的後果，會令對方：

1 覺得被拒絕或被壓抑

2 退縮或封閉自己

3 沒有機會將很想表達的情緒或感受再發洩出來

其實我們會不時地表現出「批判型」的回應。但是知道它什麼時候會發生，以及如何去克服因此而產生的問題，才是最重要的。

二、「建議型」回應

「建議型」回應（advising response）就是告訴對方什麼該做或不該做。**當對方說話時，如果我們忙於思索解決的方法，就無法完全聽到他們所說的話**。

像是本文開始的例句二的甲說：「不會有人比我給你的組合更優惠了，我誠心建議你接受這個提案。」就是在談判中常聽到的「建議型」語句。

有個被許多人奉為真理的迷思：當有人帶著問題來找你時，你就應該幫他解決，或至少告訴他們該怎麼做。甚至當人們向你訴說他們已經完成的事（不論成功與否），我們仍感到有義務告訴他們下一步該做什麼。

在給他人建議時，我們剝奪了他們徹底講完一個問題或自己想出答案的機會。這種溝通模式可能會形成某種依賴的關係。我們能夠給人最好的幫助就是讓他們能夠自己想出解決方法。當人們自己能夠計畫及組織，而不需讓別人告知怎麼做的時候，他們會感到更有自信，舉止也會更加獨立。

有時候我們提出意見是出於真心想幫助別人，不過有時我們的建議是因為本身對地位、威望、權力等的需求，但不論我們的動機如何，建議往往使對方喪失了個人和專業成長的機會。提供建議本來是可以的，但是對於他人必須自己解決的事，我們的意見反而妨礙了他們的思考。

在談判協商之中，**「批判」和「建議」這種「父母型」的語氣往往帶給對方壓力，問題是如果對方不覺得他必須聽你的，這樣的語氣往往會造成對方反感，提高了衝突的風險，導致談判充滿變數**。

三、「體恤型」回應

「體恤型」回應（empathic response）是一種不帶評斷意味的回應方式，它能掌握對方所表達的主要想法和感受。**這種溝通模式就是我們一般常說的「同理心」**，感同身受地理解對方的想法，並且表現出正面肯定的態度，努力保持開放的心胸且不陷入批判，用心促進人與人之間的尊重、和諧、信任和了解。

如果我們能克制想辯駁的念頭就能常保客觀的態度。由於對他人的需求能夠給予關心和注意，並且顯出興趣，「體恤型」的回應方式常能鼓舞他人，也可鼓勵對方詳細表達自己的想法與感受。只要我們保持不批評與不評斷，他人也會願意開放自己。「體恤型」的傾聽者就像一面鏡子，反映了對方的感受。這會讓人們放開自己，也因為不會害怕被評斷而可以舒坦地展開談話。

「體恤型」回應常見句型：

- 我能夠理解／體會／想像你現在的～～心情（感受）

● 換做是我，我也會跟你有同樣的～～心情（感受）

雖然「體恤型」回應者會避免提出解決問題的建議，但是他們仍然願意與他人分享各種資訊。可是採取「體恤型」的回應並不代表就同意對方所說的一切。雖然你會體恤他人現在和將來的感受，但並不表示你贊同對方將採取的行動。

當你想要讓對方宣洩情緒和感受時，「體恤型」的回應方式是最適當的，**這種回應方式最能讓人說出想說的話，並且可以蒐集到未經扭曲的資訊**。不過，對於大多數人而言，「體恤型」的語句大概是最不熟悉，也是使用起來最不自然的回應方式。

四、「探索型」回應

「探索型」的回應（searching response）方式就是提問，目的在獲得更多的資訊。有時候我們需要更多的事實和感覺來了解對方；有時候更多的資訊會幫助我們找到問題的癥結；有時候我們想要幫助對方宣洩情緒，這些都是運用「探索型」回應的理由。

「探索型」回應常見句型：

- 為什麼～～
- 如何～～
- 你認為～～
- 你覺得～～

但是在某些時候使用「探索型」回應是不適當的。問太多問題時會讓人覺得像在接受偵訊，引起被「嚴加拷問」或「酷刑逼供」的感覺。有時我們問問題只是為了滿足自己的好奇，而不是出自於關心，這麼做可能會干擾到他們的思緒。有時候我們會因為忙於思索下一個問題，而沒有仔細聆聽對方的答覆。

運用「探索型」回應的時機很重要。舉例來說，當對方情緒激動時，用斷斷續續的句子描述，一件心愛的東西剛才被人偷走的遭遇時，即使我們有一大串問題要問，最好也能先用「體恤型」的話語讓氣氛緩和，如：「看來你的損失真是不小」「丟掉了傳家之寶，你一定難過極了」等，來協助他們恢復平靜。當你覺得他們又能邏輯地思考分析時，便可運用「探索型」的方式來溝通。

就算是對方真的不ＯＫ，在這個議題上並不專業，正處於「兒童」的自我狀態，我們該如何用「成人型」的「探索」來取代「父母型」的「批判」或「建議」呢？相信你一定聽過「良藥苦口，忠言逆耳」。如果這藥很苦、很噁心，往往做藥的人都會包上糖衣或包成膠囊，先讓你吃下去，這藥才能發揮作用。同樣地，如果對方聽不進去你的忠言，說再多也僅是浪費時間而已！所以也需要包裝，當然將容易造成衝突的「父母型」，包裝成讓對方容易聽得進去的「成人型」，也就是在本文一開始，例句一、二乙所講的語句。

若是**將批判包裝成探索**，可以這樣提問：

「你覺得該如何避免成本提升，並且能如期交貨？」

「你知道這樣做會帶來什麼～～影響嗎？」

假使**將探索包裝成建議**，可以這樣發問：

「如果搭配這個優惠組合來進行，你覺得可以接受這個提案嗎？」

「如果我們先～～，再～～，然後～～，你覺得可行嗎？」

後面還可以再加上：「既然可以，就按照你的意思辦吧！」不僅將面子做給對方，也讓對方做出承諾。萬一對方說「不行」呢？那就換句話說地問他：「那你一定有更好的辦法，說來聽聽？」萬一對方又說「我怎麼會有辦法」呢？這時候「病態」出現了，表示目前不適合再談下去，換個時間另外再談吧！

總之，我們可以運用「探索型」的提問方式獲得更多的資訊，又不干擾對方思路或影響對方回答，這樣一來可以讓對方覺得被尊重，願意講出真正的想法，使這次的談判溝通得以在平等、尊重的氣氛下進行，達成共識。

13 鋪軌道：
以探索提問引導對方需求

在一個研討會上，幾個同學問了我以下的問題：

「客戶用另一家公司的方案多年，如何說服他改用我公司的方案？」

「怎麼說服其他部門主管，接受新規定與流程？」

「如何改變喜歡挑工作的下屬，讓他願意接受新工作的指派？」

這三個問題的共通點都是想要說服對方改變原有的習慣或選擇，朝自己希望的結果邁進。這讓我想起一家外商公司當時招募銷售業務人員時所出的即席問答題：

「假如我是一個愛喝咖啡的人，如何說服我喝茶？」

「假如我是一個愛自由行的人，如何說服我跟團旅行？」
「假如我是一個愛吃外食的人，如何說服我自己煮？」

如果是你，會如何回答？

讓對方接受的第一步是產生感動與信任

我在課堂進行實戰演練時，會請各小組選出一個題目，討論說服與影響的策略，而後派代表上台試著說服我，一旦我願意嘗試就算達標得分。這個目標應該不難達成吧！

上台的說服代表多半採取的策略都是先「踐踏」或「貶低」我原來的喜好，而後再講他的提案有多麼地好。例如選「咖啡」這一題的小組，往往一開口就說：「李老師，你知道喝咖啡其實很不好嗎？」然後列舉出一堆喝咖啡的壞處，以及很多很多喝茶的好處來「教育」我。也有選「自由行」的小組，一直強調自由行的餐飲花費更高，並且在網上找了好幾則因自由行被搶劫的報導來「恐嚇」我。甚至有選「吃外食」的小組，拿出醫師、營養師的文章，「詛咒」我吃外食容易致癌！

問題是，為什麼我要聽你的?!我喝咖啡喝了這麼多年，沒有出現你說的壞處啊？我安排自由行的行程都是自己或朋友去過，餐飲都是高性價比的選擇，出入也都是全家人一起行動，避免落單，跟報導中被搶劫的情況不同喔！而且，這些說吃外食容易致癌的文章都只是推論，缺乏長期研究的證據，更何況，你有罹癌與常吃外食之間的相關性統計數據嗎？

注意到了嗎？**如果你採取「踐踏」或「貶低」對方主張的策略時**，**往往造成對方的反感**，**而且讓對方的自我防衛心更強**，**因此更難接受你的主張**，**甚至激起對方想積極反駁你的論點**。最後不僅達不到說服對方改變習慣的目的，更可能造成衝突，不歡而散。

你知道為什麼對方愛喝咖啡嗎？會不會這背後有什麼故事？有沒有可能對方喝咖啡是因為一段珍貴回憶的連結？

你知道對方為什麼愛自由行，而不喜歡跟團旅行嗎？會不會他在意的不是自由行，而是不希望被催促，或是之前曾經發生被帶去強迫購物的惡劣經驗？

你知道對方愛吃外食的原因嗎？只是因為方便或是忙得沒有時間煮？又或是平時只有一、二個人吃飯，煮了一堆又吃不完？

我們都聽過知己知彼、百戰百勝，**如果不了解對方在乎什麼？堅持什麼？以及這個習慣喜好的背後原因，又怎麼能找到切入點，讓對方感動並且接受你的建議**?!先提問，試著理解對方，進而挖掘出背後的緣由，了解對方關心、擔心什麼？這才能掌握說服對方的關鍵因素，不是嗎？

如果你到這家外商公司應徵面試，抽到這些題目，要怎麼說才會得分呢？

設計這些考題的業務部經理告訴我，**只要一開始問問題的就加分**，如：「何時開始喝咖啡的？」「每天喝幾杯？」「過去都是自由行嗎？有沒有跟過團？」「平時都如何準備晚餐？」「喜歡吃什麼樣的外食，為什麼？」經由這些探索提問，才可以掌握對方的背景資訊，找尋可以切入的話題。**如果一開始就「批評」或「貶低」對方的喜好，甚至還「威脅」「恐嚇」對方，就立刻扣分**。因為他要找的是能夠傾聽並理解客戶需求，並且不會得罪客戶，造成客訴的業務人員。

進行商業談判協商時，彼此往往有不同的立場與堅持，你知道對方在意的是什麼嗎？客戶多年使用另一家的方案是因為價格、規格、人情，還是因為過往沒有人要協助他們的時候，這家廠商曾經出手相助？當你想要說服其他部門主管接受新規定時，你知道他們對新規定、新做法的疑慮有哪些嗎？部屬常會挑工作是因為懶惰，還是沒自信、怕犯錯？**當我們急於「說服」對方的時候，往往眼中只有自己而沒有對方，我們又怎麼能抓準對方的需求呢？**當對方的需求沒有被滿足，他又為什麼要同意你的要求呢？說服對方必須要經過「注意」「了解」「接受」等三個階段，才可能進入到按你所說的「行動」。其中**最難的不外乎是讓對**

方接受我的觀點，因為這一步靠的不是說理，而是感動與信任。對方需要的不是你的「教育」和「建議」，而是被「理解」與「尊重」。

談判的「三要三不」

前面介紹的「OK象限」與「溝通回應風格」已經幫你整理了要避免使用父母型的「批判」與「建議」，所以不要一開始就說對方的選擇不對、不好，或者是給予建議或提案；應該先用「體恤」與「探索」等成人型語氣表達理解，進而詢問、蒐集完整的背景資訊，掌握對方關注的焦點，提出可以為其解決問題的方案。也就是我常提醒學生在談判說服中的「三要三不」原則：

一要提問找原因；

二要同理找難點；

三要引導入對策。
一不一開口就建議；
二不貶低原本喜好；
三不語出威脅恐嚇。

以上的「三要引導入對策」，指的是引導對方同意你的提議或對策，但前面又說不能用「建議」的方式，那要如何用「探索」提問的方法引導呢？除了運用前面所介紹的「探索包裝建議」句型外，我發現活用《銷售巨人：教你如何接到大訂單》這本書介紹的「SPIN模式的四種問題」，可以更有效地引導對方同意並接受我們的對策。

SPIN模式的四種提問

SPIN模式是由美國擅長提升業績、銷售與市場推廣的公司荷士衛（Huthwaite）針對專案銷售案例的研究，而開發出來的一套提問話術，共分為四種問題，按步驟引導對方釐清、確認需求，最後讓對方自己認可並接受提案。

一、背景問題

背景提問（situation question）是為了要蒐集對方的事實現況及相關資訊。

範例如下：

「貴公司使用該公司的服務有多久？」

「貴公司使用該產品的頻率如何？」

這是SPIN模式中最薄弱的問題，對達成說服目標往往沒有直接助益，僅能蒐集資訊，為後面的引導鋪路。建議事前先做好背景調查，避免在會談時問太多此類問題。

二、難點問題

難點問題（problem question）是指去挖掘對方目前可能遭遇的困難與不滿。範例如下：

「這個產品在使用上有哪些問題？」

「原有作業流程曾發生哪些問題？」

這類問題比背景問題更強而有力。通常需藉由經驗來預測，引導對方講出對原有方案的不滿。**建議從為對方提供對策的角度，定義你的產品或服務，而不是**

強調產品的特徵、功能與規格。

三、暗示問題

暗示問題（implication question）是針對對方提出的困難與不滿，詢問其後果或造成的影響。

範例如下：

「這個難題是否會增加成本？」

「一旦此流程發生問題，是否會造成客訴？」

這是SPIN模式中最強有力的問題，也是說服對方的成功關鍵。

四、需求問題

需求問題（needs question）是用以確認所提對策是否滿足對方的需求。

範例如下：

「如果改用全自動化系統避開人為疏失，是否可以提高良率降低成本？」

「如果採用將此作業系統與客戶連線，是否可以提高顧客滿意度？」

從對其有正面影響的角度引導，讓對方來告訴你這個對策的利益及好處。

想要說服對方接受我的提案，或是改變他原有的喜好或選擇，**靠的不是「說理」，而是先要「理解」對方的想法**。牢記「三要三不」原則，熟悉運用成人型的「探索」提問，以ＳＰＩＮ模式的四種問題提問，引導對方體認這個對策能夠解決他的問題，對方當然就會欣然接受你的提案。

14 查結構：利用「ABC談判架構工具表」盤點重點

「成功是留給做好準備的人」這句話想必你一定聽過，想要順利地進行談判協商，並且成功達成共識，當然少不了周密的計畫與完善的準備。所以我將前面所提到的注意事項，以及談判要件，按照ABC的架構整理成「ABC談判架構工具表」，作為你談判的準備工具，讓你在擬定談判策略與準備話語內容時，無所遺漏。

以下就用我在企業輔導遇到的實際案例來進行說明。

「ABC談判架構工具表」的案例說明

小華與阿明分屬採購及物流部門，工作流程互為上下，因此往來密切，關係也不錯。小華個性溫和、行事謹慎細膩，中規中矩；阿明個性活潑、鬼點子很多，常常有與眾不同的想法，但比較率性粗心，常常不耐煩於公司的瑣碎要求與規定。合作一年多下來，阿明常因為請購單數量或需求日期輸入錯誤，會請小華幫忙修改下單資料，因為發生頻繁，小華決定找阿明談談這個問題，也想從自身經驗給他一些建議，減少錯誤的發生。

小華不想破壞兩人交情，更希望問題可以得到解決。在面對面談了一陣子後，小華感覺到阿明很不重視自己的問題，更曾說出：「我有很常key錯嗎？如果有key錯，既然你都能檢查出來了，就順便幫我改嘛！我們都這麼熟了……」聽到阿明這樣說，讓好脾氣的小華也跟著生氣：「可是請購單是你負責輸入的，應該是你要負責把資料弄正確吧！而且你已經不只一次這樣了！」此時阿明臉色變得很難看，丟下一句：「隨便啦！你說怎樣就怎樣……」掉頭就走。兩人的討論不歡而散。小華氣得要命，喃喃自語：「明明就是自己負責的事情，還指望我幫忙檢查修改，哪門子道理……」

如果你是小華，讓你重新和阿明談一次，該怎麼談可以避免破局？談出雙方都滿意的共識？首先，我們用ＡＢＣ架構來進行整理。**所謂ＡＢＣ架構指的是「Aim」（目標）、「Bias」（影響）、「Climate」（氣氛）三個部分**。

一、目標：掌握溝通的目的

談判協商的「目標」，就是我們想藉由本次談判協商解決的問題，或是想要爭取的結果。然而，要注意的是，職場的談判協商往往並非有限賽局，小心眼前看似贏了卻輸掉關係，導致長期的損失。

由於成功的談判必須建立在互利雙贏的基礎上，所以在談判前或進行初期，努力探知對方的意圖，或是對這次談判預設的目標。並且努力找出可以兼顧雙方目標，達成互利成果的共同目標。

在小華與阿明的案例中，小華原來希望的結果是「阿明自己注意不再輸入錯誤」；阿明則應該是希望「不會因為輸入錯誤而被找麻煩」，**雙方的共同敵人就是「輸入錯誤」**，所以只要阿明不再出現輸入錯誤的情況，就可以達成互利雙贏的成果。但是從案例中可見，小華單方面要求阿明注意的建議並不被接受，還導致溝通中斷。既然是「共同目標」，就必須雙方都一起努力，不管是說法或做法上，都應該改為**「一起想辦法避免錯誤再度發生」**。

「我們一起想辦法」的語句是非常重要的，不僅表示我們並非對立，更表達我願意與你一起努力的意願，為後續談判開啟良好的氣氛，並且打下成功的基礎。所以**在開口前先思考，你說的話能幫助自己達成目的或目標嗎？**在談判中鎖定目標，可以幫助自己說出有利於達成目標的話語，並保持對談不要離題，有效率地達成共識。

當然，也別忘了對談判可能出現的情況「做最壞的打算，盡最大的努力」，也就是預想可能出現的「最佳替代方案」。在小華的案例中，如果最後阿明不願意談而中斷溝通，並且導致兩人關係降至冰點，這應該是小華最不樂見的最壞情況。所以，只要讓阿明願意與自己繼續談下去，不管談出什麼成果，達成什麼共識，都應該是這個案例的「最佳替代方案」。

二、影響．影響力在溝通過程中的運用

這裡的「影響」指的是**我們在談判中，能夠使對方接受我方提案的力量**。在前面我們提到過的「籌碼」（參考第四十七頁）、「影響策略——信譽、互惠、勸說」（參考第九十四頁），以及「個人溝通風格」（參考第一〇三頁）等，都是我們可以發揮影響力，說服對方接受提議的實用工具。

在案例中，阿明的個性活潑、鬼點子很多，常常有與眾不同的想法，但比較率性粗心，常常不耐煩於公司的瑣碎要求與規定。這些描述顯示他個人溝通風格應該屬於「直觀論者」，由於此類型的人喜歡別人聆聽並且重視他的意見，因此我們應該**以說服直觀論的原則——「讓他說、注意聽、引用他的話，讓他覺得這意見就跟他想得一模一樣」來與其溝通**。

加上小華過去已經幫了阿明很多次，可以善用「互惠」的影響策略，讓阿明回到協商當中，不再逃避。

三、氣氛：建立良好的溝通氣氛

「氣氛」指的是你與他人互動時所營造的環境，也可以被描述為談判中的態度，例如：「我對於你的需求、看法及意見，真的感到很有興趣。」如果你能營造一種互相尊重以及信任的氣氛，將使彼此的互動更加成功。

除了要注意對方的個人溝通風格，避免使用會與其產生衝突的方式外，前面介紹的「溝通回應風格」，也就是「語氣」的選擇，將會直接影響談判的氣氛。我們應該避免使用父母型的批判與建議，而應該多用成人型的體恤與探索，塑造平等與尊重的氣氛。**你必須讓對方感受到你正在為「雙贏」局面奮鬥，而不是僅止於尋求單方面的勝利**。

為了要讓對方覺得被平等對待，並且獲得尊重，建議可以運用以下四步驟整理小華對阿明的說法：

1 體恤理解：「我能體會這樣的錯誤讓我們都很困擾！」

2 互利目標：「我們都希望這樣的錯誤能夠避免，對嗎？」

3 肯定推崇：「你向來想法很多、很棒，你一定有解決方案！」

4 探索提問：「對於這樣的問題，你認為該如何解決？」

透過以上四個步驟：**由「體恤理解」建立良好的對話氣氛開始，接著確認對方是否接受所設定的「互利目標」，再以對方個人溝通風格所喜歡的方式對其「肯定推崇」，讓對方願意繼續溝通，然後以「探索提問」的系列問題，或結合「SPIN」的四種提問**，引導對方說出想法，找出彼此的共同點，一起努力達成互利雙贏的共識。

為使讀者理解，最後我們用「小華與阿明」的案例做範例，整理成以下的「ABC談判架構工具表」。

<table>
<tr><td colspan="2">溝通對象</td><td>阿明</td></tr>
<tr><td colspan="2">想要解決的問題</td><td>阿明常將請購單數量輸入錯誤或需求日期key錯</td></tr>
<tr><td colspan="2">我希望達成的結果</td><td>阿明自己注意不再輸入錯誤</td></tr>
<tr><td colspan="2">對方希望的結果</td><td>不會因為輸入錯誤被找麻煩</td></tr>
<tr><td colspan="2">雙方的共同目標（Aim）</td><td>一起想辦法避免錯誤再度發生</td></tr>
<tr><td colspan="2">最佳替代方案（BATNA）</td><td>阿明提出且自己能夠接受的解決方式</td></tr>
<tr><td rowspan="4">影響說服的策略（Bias）</td><td>對方風格</td><td>直觀論</td></tr>
<tr><td>說服對方的要點</td><td>讓他說、注意聽、引用他的話，讓他覺得這意見就跟他想得一模一樣</td></tr>
<tr><td>策略選擇</td><td>採用「互惠」——提醒阿明過去自己曾幫忙修改</td></tr>
<tr><td>籌碼運用</td><td>自己認識資訊部門的人，可以幫忙調整系統檢核功能</td></tr>
</table>

表2-4／ABC談判架構工具表（小華的範例）

保持良好的氣氛（Climate）	與對方和諧相處的要點	讓他先說！注意聆聽！不反駁！
	使用的語氣與話術	**（體恤理解）** 我能體會這樣的錯誤讓我們都很困擾！ **（互利目標）** 我們都希望這樣的錯誤能夠避免，對嗎？ **（肯定推崇）** 你向來想法很多、很棒，你一定有解決方案！ **（探索提問）** 對於這樣的問題，你認為該如何解決？

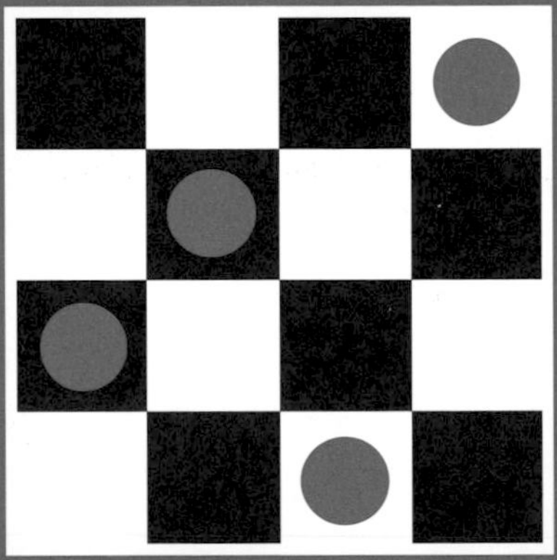

PART 3

實況問答篇

重磅名師指點迷津，打通談判的任督二脈

15 想要升職加薪，怎麼談？

「我想升職加薪，該不該告訴主管？要怎麼說？」

尤其在農曆年前年度交替的時候，常聽到許多朋友抱怨今年既沒加薪也沒升職，枉費過去一年任勞任怨、做牛做馬！感覺上如果不跟主管爭取，好像總是會被忘記；但又擔心萬一談不好，不僅升職加薪無望，搞不好從此黑到底，最後不得不離開！

事實上，如果你自認應該獲得升職加薪卻落空，的確應該與你的老闆溝通溝通，就算沒有爭取成功，起碼也能讓自己獲得更多的資訊：「為什麼沒獲得升職、加薪？」當然，得知老闆沒升你的原因，你一定不會滿足，但你的目標是「升職」，還是「加薪」呢？雖然在大多數企業中，「升職」意味著薪資也會跟著加上去，但「加薪」就不見得一定伴隨著升遷。當魚與熊掌不可兼得的時候，你會選哪一個呢？

按照「ABC談判架構」，一開始必須先設定明確的「目標」。可能你最希望的結果是「獲得升職，而且薪資也跟著調升」，但如果讓你二選一呢？你將如何取捨？假設老闆只願意針對你過去一年的優異表現，給你一筆可觀的績效獎金，但沒有調薪，你會接受嗎？可以用「接受獎金，放棄升職加薪的要求」作為「最佳替代方案」嗎？

從人力資源管理的角度來看，給獎金要比調薪資來得容易，因為只有這一次而已。不像調薪影響深遠，調上去了很難調回來不說，還需要考慮對其他同事的影響。「升職」的影響就更大了，不僅要考慮團隊成員的接受程度，還要擔心萬一做錯決定該如何補救！

爭取升職、加薪前，必想的三點

從企業經營的角度來看，每位同仁都是公司可貴的人力資本，所以應該用「投資報酬率」的觀點來判斷。因此在爭取升職或加薪前，必須先思考以下三點：

1 自己在老闆眼中有價值嗎？
2 我為公司創造了多少價值？
3 我在人力市場上有多少價值？

你是老闆眼中的人才嗎？

這裡所謂的「價值」與我們常說的「績效」有密切的因果關係。不過績效好壞並不是自己說了就算，這就是為什麼你覺得自己做了很多很棒、很成功的工作，但老闆或主管卻不見得給予高度的評價。什麼樣的人會在老闆眼中有價值？我幫大家整理以下三種老闆眼中不可或缺的「人物」：

一、深得我心型：

能夠正確掌握老闆的風格與習性，對方就不用多花時間解釋，並且願意配合公司及落實政策，讓老闆深深覺得「你辦事我放心」的人。

二、技高一籌型：

同樣的事情，你就是有辦法做得比別人快又好，或者總是可以搞定人家無法搞定的人或事，只要在你手上「萬事都ＯＫ」的類型。

三、獨門絕技型：

你做的事沒有別人會做，所掌握的技術，別人短時間無法學會。

如果你確定自己屬於以上三種人之一，就可以思考第二個問題：「我為公司創造了多少價值？」不妨列出自己過去一至三年間，已經為公司賺了多少錢或做了多少貢獻，並且有資料、報表佐證，同時提出對自身職務的未來目標與規畫，推估未來將會為公司創造多少價值，讓老闆清楚明白投資你將會獲得高報酬。**從公司或老闆的觀點分析出來的價值，就是你在談判中已經掌握的「籌碼」**！

知己知彼，才能百戰百勝

這些都思考清楚了，佐證資料也都準備好了之後，如果你是想要爭取加薪，那打算開口要求什麼數字呢？第一個最基本的基準就是參考跟你做同樣工作，貢獻與價值也類似的人。還有一種在人力資源領域常用的方式，就是上人力市場比價。意思是，與你同等學經歷，而且是相似專長經驗的人，其他公司會願意支付多少薪資。有了合理的參照值，才不至於提出的時候，老闆連談都不想談。

但如果你是想要爭取升職，成為部門主管，**別忘了考慮「權益關係人」的影響**。一**是「競爭者」**，對於這個你想爭取的職位，老闆有考慮其他人選嗎？或是你知道有誰也想爭取這個職位嗎？二**是「下屬」**，對於未來這個職位的下屬來說，他們期待你來領導他們嗎？你的老闆放心將這群人交給你嗎？由於晉升主管不僅是做事，更重要的是要帶人。你的帶人能力讓老闆放心嗎？過去你所領導的團隊，不管原本的績效表現、人員素質如何，在你的領導之下，每個人都進步成長，團隊的績效也蒸蒸日上嗎？還是過去績效雖好，但你的團隊人員流動率總是居高不下？或是，過去雖然沒有帶團隊的經驗，但你曾經受託輔導新人，而這位新人的優異表現是否讓大家有目共睹？又或者是你雖然沒有任何帶人的經驗，但所有同事都對你讚譽有加，願意與你共事？若是這些都沒有，你要如何說服老闆放心將人和部門交給你？

以上分析與思考都在盤點自己的談判「籌碼」。然而，知己知彼，才能百戰百勝！

針對不同溝通風格類型的老闆，一一攻破

別忘了在與老闆談話之前，應該要先掌握老闆的個人溝通風格類型，正確選擇說服的方式與策略。

如果你的老闆是位「行動論者」，最好開門見山，直接表達自己想要升職加薪的期望：「老闆，根據去年的績效表現，我認為自己應該獲得晉升（加薪），不知你是否同意？」這時，行動論的老闆應該會問你想升到那個職位？或是想加多少薪資？接下來就用一句話說明你的期望值，然後按照老闆的提問見招拆招。

如果你的老闆是位「分析論者」，你得讓他覺得自己是有備而來的，所以將你認為自己應該獲得升職或加薪的理由整理好，並製成圖表，邊拿出邊說：「老闆，關於我的薪資與職涯規畫，我做了一些整理，有些問題想要請教你。」然後有條有理地在老闆面前一一說明，並且以投資報酬率的角度，與其他方案比較、分析，顯出同意自己所提方案的優勢。

如果你的老闆是位「直觀論者」，最好以求教於他的態度開啟會談：「老闆，不知道你對我在公司的發展與職涯規畫有何想法？」接著就注意聽他說，記下他不斷強調的關鍵字詞，最後再將這些關鍵詞套入自己的期望，然後做出結論，讓老闆覺得你所提的就是他本來想要做的。

雖然很少有老闆在工作上會以「人際論」的方式進行溝通，但如果運氣極佳的你真的遇到了，千萬別忘了表達出如果沒有升職或加薪將會很失望的表情，同時還要提出跟你有相同表現的其他人都獲得肯定、但你卻沒有的委屈。

最後，不要忘記得在最佳的時機提出。何謂「最佳時機」？通常公司都有年度調薪的時間，最好在這個時間前的一個月，趁老闆心情佳時，提出自己的想法和期望。當然，有更多的企業會將調薪搭配年度績效考核來做，想要獲得升職加薪的你，就必須把握這個機會，在績效面談的時候提出，或者在老闆打考核、請你做自評的時候，寫在意見欄中讓主管知道。千萬別錯過這個好機會表達心聲喔！

16 如何爭取老闆認同我的簡報？

以前的老闆常常誇獎我，現在的新老闆卻常常挑剔我?!到底是哪裡出了問題？我該跟老闆談一談嗎？讓我們來看看以下案例中的馬克，遇到了什麼樣的老闆！

工作老是被電，該怎麼辦？

屬於客服部員工的馬克在公司服務了三年多，因組織異動關係，上司由營運長張Sir改為直接面對王總經理。在新組織生效後，即將對王總的第一次工作報告前，馬克細心地準備了這半年客服部的重點工作回顧、客戶滿意度等統計資料，想要把握這第一次的機會，好好地向王總推銷自己與團隊的工作成效。

會議中只見王總越聽越坐立難安，才報告了六分鐘左右，他就打斷了馬克的報告：「這幾分鐘我都在聽你講客服部的流水賬，你說重點就好，下面我還有個會。」聽到這話，馬克的心情頓時沉了下來，他還有十幾頁的投影片沒講，但王總已經沒耐心聽他說下去，馬克認為自己講的都是重點，但王總似乎並不這麼認為……

如今，新組織運行已過半年，馬克在報告中仍常被王總糾正太過瑣碎、沒有重點，導致的自信心越來越不足，現在連要進會議室開會都覺得戰戰兢兢。

以前的上級張Sir還曾經在會議裡，公開稱讚馬克非常盡責，對客戶抱怨的處理很有一套，現在他簡直是從天堂掉進地獄。馬克開始懷疑是不是王總對自己有偏見？問題是，下週又將對王總進行客戶服務系統更新升級方案的簡報，這是客服部的年度重要工作，而且這個系統升級的預算一定要在下次會議中通過，否則後果不堪設想！

如果你是馬克，該如何準備客戶服務系統更新升級方案的簡報？該怎麼做才可以讓這份預算順利通過？

先觀察對方的個人溝通風格，再選擇如何簡報

在思考如何準備這個報告之前，還是提醒你要先運用前面所講的「個人溝通風格」（請參考第一〇三頁），對主要說服對象王總進行分析，判斷他屬於哪一種類型，才能使用正確的對應說服方式。

在案例中提到王總曾糾正馬克講話太過瑣碎、沒有重點，並且還會沒聽完馬克的報告就打斷。這種**總是要求講重點，又沒有耐性聽你講完的老闆，就屬於主動又理性的「行動論者」**。還記得遇到「行動論」的人，應該注意些什麼嗎？

既然「行動論」的老闆沒有耐性聽你把話講完，你就應該把報告的內容精簡再精簡，而且先講結論與重點。當然，重點最好就是一點，最多也不能超過三點。並且投影片的製作要依循「One Page, One Message.」的原則，每張投影片越簡潔越好，留白多也無妨，千萬不要放密密麻麻、讓人看了頭昏眼花的統計圖表。講簡報的時候加快語速，掌握時間，最好提前結束，因為「行動論」的人非

常討厭你耽誤他的時間。而且「行動論」的人希望別人和他一樣積極、有自信，所以一定要在報告時，表現執行成功的自信與意願。當「行動論」的老闆問你：「有沒有信心？」的時候，你一定要回答：「有」「百分之百」！

但面對「分析論」的老闆千萬別這麼做！首先，分析論的老闆不會問你：「有沒有信心？」他倒是會問：「這個案子做過可行性評估了嗎？有多少風險？」那麼，你必須精準回答，還要告訴他是怎麼算出來的！**說服「思考性」的老闆，一定要備齊數據、依據、證據，而且提供方案的時候一定要有二至三個方案的比較分析**，確實比較出你的建議方案是較優的，這樣才能說服「分析論」的老闆接受並信任你的建議。不過，如果是面對「行動論」的老闆，就千萬不要給二至三個方案，他一定會覺得煩。你只要給出一個方案，但一定要讓「行動論」的老闆做最後的決定，就是讓他覺得這個決定是他做的。比如說：「老闆，如果我們～～做，你覺得可以嗎？」讓老闆做是非題，千萬不要做選擇題，更不可以提出開放式問答題。

如果你的老闆要求你：「報告不要寫一大堆，投影片不要超過五頁，字不要太多，每頁中文字不要超過五十字，文字不可以小於二十pt。不要放插圖，顏色不要太多。如果有圖表，一頁放一張圖表就好！圖表要註明出處，並且要有同樣的比數據進行對照喔……」你覺得會這樣要求的老闆，比較像哪一型的？由於**「行動論者」往往只管結果不管過程，而「分析論者」重視過程、步驟、細節**，所以如果你發現老闆專注聽你報告，耐心聽完之後還會指出你報告中的錯誤或缺失，並且會問你：「這些數據怎麼算出來的？」「這份資料的出處是哪裡？」或是會計較你PPT當中的排版與格式，那你就是遇到「分析論」的老闆了。

不同的老闆要用不一樣的對應方式，才能有效說服。所謂「投其所好效果加倍」！

如果你講著講著，發現老闆沒在專心聽，等到他發言時，講的是另一個議題，跟你報告的好像沒直接相關，而且一講起自己的想法，就一發不可收拾，滔滔不絕，這時就是遇到「直觀論」的老闆了。「直觀論」老闆對別人的建議沒啥興趣，他比較在意自己的想法是否被下屬接受。加上他又喜歡別人的掌聲與肯定，所以，**說服「直觀論」的老闆最好的方式就是先聽他說**，認真聽，並且記筆記，而且還要用欽佩、仰慕的眼神看著他，不時發出讚嘆聲：「哇！說得太好了！太有創意了！真是有遠見！」等他說完了，再將他說法中的關鍵字、關鍵詞套到自己的方案上。總之，就是讓「直觀論」的老闆覺得，你所提的方案就是他的方案，完全符合他的想法。或許你會擔心，明明我的方案就和他的想法不太一樣，怎麼辦？放心吧！「直觀論」的老闆往往一口氣說了很多，說完了，也就忘了！重要的是，**一定要引用他的話，讓他覺得是他的想法**。

在職場上以「人際論」風格面對下屬的老闆並不常見，就算他有「人際論」的部分，但往往在他老闆的職位上也會被隱藏起來。但如果老闆的「人際論」剛好發作了，他一定會問你：「關於這個方案，其他人怎麼說？」所以，你應該在向他報告之前，先問好大家的意見，再總結所有人的意見作為向「人際論」老闆報告的結論。

所以，掌握老闆的風格類型至關重要，如果判斷錯誤，自然就會用錯方法，如此一來將難以說服你的老闆，更不用說贏得他的信任了。

輔以善用影響他人的三種策略

馬克除了針對王總的個人溝通風格，製作投影片、準備簡報外，為了要順利通過客戶服務系統、更新升級方案及預算，還應在影響他人的策略中，選擇對自己有利的方式，增加正面助力。在前面曾介紹過在談判協商中用以影響他人的三種策略：「信譽」「互惠」與「勸說」（請參考第九十四頁）。而「信譽」又來自於地位、信用、專業、經驗與魅力五個方面。雖然面對王總，馬克沒有地位方面的影響力，卻可以善用專業與經驗方面的影響。雖然系統升級並非馬克的專業，但可以邀請經驗豐富的專業人士進行評估，出具專業報告與建議，用以影響王總及其他高階主管接受自己的提案，讓預算順利過關。

總之，當我們想要說服對方接受自己的方案時，**先盤點一下三種影響他人的策略**中，有哪些適用於這個情境，即使沒有「信譽」「互惠」可用，也應該在「勸說」策略上，運用「個人溝通風格」分析對方的類型，選用正確方式與其對應，讓對方容易接受自己的提議。

17 同事常出包，我該怎麼談？

「專案團隊的同事常出錯，影響到我的進度，跟他講了又不高興，我該怎麼辦？」

「我的團隊中有一個同事做事常漫不經心，都不確實檢查，導致我還要幫他收尾，又常常遲到，我該怎麼跟他說？」

以第三選擇來了解對方的緣由

當談到與同事的溝通問題時，我都建議各位先花點時間了解對方這些行為與錯誤背後的原因，就是利用「三要三不」原則（請參考第一五四頁），先理解再說服。而且，**與同事之間的溝通協調是一場「無限賽局」**，關係的維繫非常重要，因為我們明天還會見面，還要一起做事。

如果這回沒談好，甚至關係破裂，日後共事的難度豈不是更高？

還記得前面「小華與阿明」的案例嗎？小華想要勸阿明，並提供自身經驗、給建議，但阿明接受嗎？從小華的角度來看，這阿明太不負責任了，竟然還撇下不管！在企業中很多人遇到這樣講不聽的同事，**往往第一個想到的就是跟他的主管反映，讓他的主管去處理**。不過，你要準備付出的代價就是與阿明之間的關係惡化，日後更難和諧共事。

著名管理學大師史蒂芬·柯維在《第三選擇》中教導我們，**除了「逃避」與「對抗」之外，我們還有第三種選擇：努力了解對方，共同創造綜效，這是維繫長期合作關係的唯一途徑，也是在無限賽局中必須具備的「無限思維」**。**其實阿明並非不想解決這個問題，而是小華那咄咄逼人的方式讓他不能接受**。當然，小華一定不認為如此！但如果小華沒有做出改變，仍然想要用這種阿明無法接受的方式「逼」他改變，看來是無法得到好結果的。

案例中的小華是我班上的學生，他選擇了阿明這個棘手的問題作為課後作業的情境，運用上課所學的「ＡＢＣ談判架構工具表」整理，準備藉著做作業之名，重新找阿明談談，看看這問題是否能獲得解決。在回訓報告中，小華說他在盤點自己的籌碼時，發現自己的處境真是「先天不良」！由於在作業流程上是接手阿明的工作，阿明的錯誤如不改正，他這邊接著做出來的結果也會是錯的；如果向阿明的主管報告情況，不僅關係搞壞不說，也不見得以後就不會有錯誤。所以小華試著按照以下四步驟重新找阿明談：

1 體恤理解：「我能體會這樣的錯誤讓我們都很困擾！」

2 互利目標：「我們都希望這樣的錯誤能夠避免，對嗎？」

3 肯定推崇：「你向來想法很多、很棒，你一定有解決方案！」

4 探索提問：「對於這樣的問題，你認為該如何解決？」

小華說到這兒，只見阿明瞪大了眼睛，不可置信地問：「你是受了什麼刺激嗎？」

「我剛剛跟你說，是要做課後作業的練習啊！而且我真的想聽聽你的想法。」小華老實地說。

阿明見小華似乎真的想問他的想法，立刻轉過手邊的電腦說：「總歸一句話，這系統太爛！」

聽見這句話，小華心想，這阿明真會牽拖！竟然怪到系統上。但由於要做作業，總要好好聽他講完，所以又接著問：「怎麼爛呢？」

「你來看，這個欄位明明是輸入數量的，我打英文字也接受！這個欄位明明是輸入料號的，我打中文字也接受！這系統的欄位都沒有檢核，是不是很爛？」阿明憤憤不平地說。

小華驚訝地看著阿明指出的事實，而且發現自己的操作頁面也是如此。小華同時想起他在資訊部的一位好友小江，立刻上樓去找他了解。

「的確，這個系統的許多欄位沒有檢核、驗證設計，很老舊了，我們打算明年要全面更新、升級，到時候會一起改。」小江認真地解釋。明年？那表示還要忍耐半年多！小華大膽地提出：「有可能先改幾個欄位嗎？」小華指著阿明負責操作的頁面。

「是可以啦！剛好這個系統是我維護的，你寫個需求單過來，一定幫你優先處理。不過，需要一些時間喔！」小江說。「大概要多久？」小華接著問。「大約……兩、三個小時吧！」小江的回答讓小華笑逐顏開，沒想到只要半天時間。

當小華在回訓的課堂上分享這個案例的時候，這系統欄位的檢核功能已經完成一週了，阿明也沒有再發生輸錯的情況，小華成功地解決了問題，也維繫了與阿明之間的良好關係。

成功卸下同事心防的關鍵是？

這個案例之所以成功，在於**「探索提問」「傾聽理解」「立即行動」**這三個關鍵詞。小華第二次去找阿明時，就充分地掌握了這三個原則。「探索提問」首先要避免使用會給人壓力的「批判」「建議」等父母型語氣，而改用成人型的「探索」方式。也就是不給方案，只提問題。而且是「你認為」「你覺得」「你打算」這類開頭的提問方式，請對方表達想法、看法。接著認真傾聽，並以「體恤」方式回應對方，讓對方在受尊重、被理解的氣氛當中，願意心平氣和地跟你展開良性溝通，尋找並達成互利雙贏的共識。

所以，**當我們遇見同事犯錯的時候，先別急著下評論給建議**，這往往會換來逃避和對抗的行為，更重要的是會破壞彼此的關係，讓雙方日後共事更加困難。掌握先理解、再說服的「三要三不」原則，從「探索提問」到「傾聽理解」，讓對方將想法講出來，不僅增加彼此的了解，更能因著你願意傾聽、坦誠交流，而增進互信，建立良好的合作伙伴關係。

18 對方從頭到尾都不讓步時，如何化解？

女兒與同學共十人去溜冰場溜冰，每人花費二百七十元（含三小時門票一百九十元與冰刀鞋租金八十元），下午六點三十分入場，本應使用到九點三十分離場。

結果七點二十分左右，溜冰場的現場經理告知，忘記今天七點半到八點半有團隊包場上課，所以請大家立刻離場，要到八點半以後才能再入場。為了補償，願意致贈每人一張價值二百七十元的貴賓券，下次可以憑貴賓券入場三小時，以及免費租用冰刀鞋。

有些同學覺得這次的體驗非常糟，以後也不想再來這裡溜冰，所以要求全額退費，但場方表示無法退現金，仍然重申將給予價值二百七十元的貴賓券。

女兒和部分同學覺得可以接受場方給予的貴賓券，但幾位同學卻堅持要爭取全額退費，因為再也不會來光顧了，拿貴賓券也沒有用！不過，**同學們倒有共識，一定要團結，意見要一致**，所以推派二位同學再跟溜冰場協調、爭取。但場方的經理仍舊表示，致贈每人一張貴賓券是所能給予最優惠的方案，就是無法退現金。

時間已過去半小時，溜冰場經理詢問是否有同學願意八點半重新回到溜冰場，可以溜到十點鐘打烊。有些同學聽了之後非常氣憤，主張直接回絕，因為買的門票是三小時券，如此一來將損失半小時。

八點十五分，二位同學代表帶回新的方案，溜冰場同意退費，因為冰刀鞋的租金沒辦法退，三小時門票扣掉已使用的一小時，再扣掉稅費，向公司爭取到同意退還給每人現金一百二十元。部分同學認為有拿到現金就夠了，但女兒與部分同學卻覺得虧到了！不過，大家也累了，沒再多說就收下現金，並且決定以後再也不來這家了！

女兒回家說：「今天既沒玩到，也沒拿到退費（全額），真是虧大了！」

你覺得呢？溜冰場是否賺到了呢？還是「雙輸」？

其實雙方都不算「輸」，畢竟同學們拿回了大部分門票的現金退款，溜冰場也只按照未使用的時間比例退款，實質損失不到一半！**但我相信雙方都不覺得有「贏」**，因為同學們的期待（目標）是想要拿回全部已經支付給溜冰場的二百七十元現金，現在僅僅拿回不到一半；而溜冰場的目標是不給付任何現金，只願意給等值的貴賓券，但現在不僅要拿出現金，而且這群有不佳體驗的客戶將可能再也不會上門，甚至造成負面宣傳。

手把手教你如何爭取到更多

如果你是權益受損的同學，面對溜冰場一直不願意退還全額現金，該如何談，為自己爭取更多呢？

在這個案例中，**第一個要留意的是「別把話說死，更別將關係斬斷」**。同學代表一開始和場方談判就表明以後不會再來，所以不願意拿貴賓券。這樣說帶給對方什麼訊息？反正你不會再來了，當然我也不用再給你什麼優惠，我只要專心減少眼前的損失就好！若對方產生如此的想法，當然不會產出對我方有利的方案。成功的談判必須建立在「互利雙贏」的基礎上，保持良好關係，這樣**才能避免以「有限賽局」的思維，只專注眼前損益，卻忽略未來更大的損益**。

更何況，溜冰場有錯在先，照理說，要求補償並不為過，這一點從場方主動表示願意給等值貴賓券即可見一斑。但為什麼不退現金呢？第一，當時同學們並非現場以現金購票入場，可能因為帳務系統的考量，現場主管沒有退還現金的權限。第二，就溜冰場而言，退還現金意味損失，只要持券再度光臨的當時沒有出現人數爆滿，排擠了新買票入場的顧客，給予貴賓券不會造成任何損失。由此看來，由於退還全額現金的目標，將對溜冰場的利益造成損害，應該是很難完全如願實現的。不過，我還是會先向溜冰場要求退全額現金，只是不說：「以後不會來了！」這類絕情絕義、斬斷關係的氣話。**雖然我知道「退還全額現金」的方案不太容易被對方接受，但可以提出來測試對方底線，並且故意讓對方拒絕，是一**

種「以退為進」的策略。畢竟人際之間都有「互惠」的習慣，如果對方拒絕了這個條件，將會更容易接受下一個較低標準的條件。

問題是我要如何談出對自己更有利的結果？**首先，應該思考還有哪些「籌碼」**？「當場走人」應該不是能創造優勢的籌碼，但是在社群中推文，在朋友圈中發揮影響力，或許是籌碼之一，但如果對方生意很好，不在乎這十位同學帶來的漣漪效應，這部分就不是你可以運用的優勢了。

接著就是思考「最佳替代方案」的時候了！如果我希望拿回現金，當然是越多越好，雖然對方不能退回全額現金，但可以接受部分現金與抵用券嗎？起碼總額要達到二百七十元，不是嗎？如果先想好這一點，當對方終於讓步，願意退現金的時候，是不是應該要求對方履行承諾：全額補償，將差額用貴賓券充抵？相信溜冰場經理給貴賓券的權限一定大於給現金的額度，所以，在談判過程中，**多用一些同理的語言，讓經理爽一些，並且強調還會幫他們在同學朋友圈中多多宣傳，可能還會爭取到價值更高的優惠呢**！

但如果你是溜冰場的經理，既然已經退了現金，還會給予同學們貴賓券嗎？試想，如果給了貴賓券，這些同學還有可能再度光臨，讓你有創造良好體驗的機會，甚至還會帶其他人來，增加更多新客戶和營收。相較於只退現金，又沒退足額，顧客仍舊不滿的情況下，他們更沒有理由說服自己再度上門。

談成交易或守住底線，你選哪一個？

在談判課程的班上，許多從事業務或採購工作的同學常常問：「如果對方就是不願讓步，我這邊也沒有空間的情況下，該怎麼談下去呢？」這時我都會先問：「在你的情境中，談下去重要，還是堅守陣線重要？」也就是：「到底是達成交易重要，還是堅持底線不破重要？」絕大部分的回答都是：「完成買賣交易更重要！」所以，為了完成這個交易，我們一定得在其他條件中找出空間！

或許你會說，我們採購的關鍵績效指標就是降低進價的多少百分比，對方不願降價，我就達不成啊！然而，對方不願降價，難道我們就不談了，不買這個物料了，是嗎？

就像是業務人員不只有毛利目標的壓力而已，採購人員在工作上的壓力也不僅僅只是壓低價格，往往還必須考慮這些原物料或物品是否達到公司的規格要求？是不是能夠降低我們庫存的壓力？能否達到其他的附加價值？這些也都是老闆或其他相關部門對採購部門的要求。

比如說，有一家供應商在我們公司附近，我一下單，對方就立刻送來，我完全不用擔心庫存，也完全用不到自己的倉庫，也就是可以做到零庫存；另一家雖然提供的價格比較便宜，但距離比較遠，進貨可能要一個月甚至更久，所以為了因應即時的需要，我可能要有倉庫，要多備庫存。我應該選價錢比較便宜的嗎？或許庫存的相關支出與機會成本更可觀，不是嗎？

所以，**當你遇到僵局的時候，先釐清目標，將你「想要」與「需要」的條件按照優先順序梳理一下，且和對方在意的條件相比對，找出我們較有彈性且是對**

方需要、想要的東西來交換，爭取對自己更有利的結果。

其實，**我們往往太著重看到自己的要求，卻沒有注意到對方的利益**。對方是不是一定要出你這一批貨？他是不是很在乎你這個客戶？搞不好你最大的籌碼就是你這家公司的品牌！因為你是某個行業的指標性客戶，願不願意跟他繼續交易就變成你的籌碼。

當談判進入僵局，切記不要讓對方覺得合作無望。談判往往很難魚與熊掌兼得，所以一定要先分清楚主、次目標是什麼？否則堅持到最後形成雙輸的局面，甚至交易告吹，還要賠上更多機會成本。記得蒐集資料、了解對方需要、想要的是什麼，或許你剛好有，這就是你的優勢籌碼。同時，也盤點一下自己需要、想要的優先順序，釐清真正的重點，找出可以調整的彈性，重新擬定「最佳替代方案」。**最後不要忘記讓對方「感覺良好」，刻意讓對方有機會拒絕我方的提案，或是看到我方做出讓步，以退為進的策略，往往會讓你獲得更多**。

19 客戶下急單，但公司內部無法配合，該怎麼辦？

十一月的星期四一早，X公司業務部王經理接到Y公司陳經理打來的電話。由於Y公司接了一筆大訂單，並且要趕在半個月內出貨，所以希望X公司能在下週二緊急趕製並交付一萬件配件。由於時間緊迫，對方要求X公司中午前回覆是否可以如期如數出貨。

還記得在這個星期一早上的產銷會議上，X公司生產部門的丁廠長才特別要求所有業務單位，最近接單務必把交期延到下個月以後。因為有一條生產線的設備本週開始汰舊換新，而且在接下來的三個星期裡，各產線都已經滿載，所以要求業務部門務必配合，否則後果自行負責。

生產線的設備汰舊換新是生產部門的年度重要事項，而且原本預定八月分進行，卻因為第三季淡季不淡，所以當時決定延到這個月。可是，Y公司是X公司的重量級客戶，並且在今年的年度策略會議上，還被列為超A級的重點發展客戶。麻煩的是，上個月交貨時出了一些狀況，它對X公司已經有點意見，如果這次再搞砸，說不定就可能永遠失去這個客戶。

如果你是X公司營業部的王經理，應該沒有理由不接這個訂單吧！我班上討論這個案例時，也從來沒有小組敢說不接！但如果選擇接下訂單，你要如何說服丁廠長同意插單？可想而知，如果去跟丁廠長講Y公司要插急單，大概免不了又會聽到他的抱怨：「我不是講過了嗎？後果自負啊！」「每次都把我們生產部門講的話當耳邊風！」「業務總是Over-promised，再把爛攤子丟給我們收！」

在科技業上課時，常常聽到研發部門抱怨營業單位「過度承諾」，沒有先跟研發部門商量就隨便答應客戶縮短交期或提高規格。對此營業單位也有話說，這年頭與競爭對手搶單，應付客戶無理的要求已經夠辛苦了，回公司還要面對研發或生產部門的專業傲慢，總說這個做不了，那個辦不到，等到被老闆叫去曉以大義之後，最後還不是都做出來了！的確，**組織內部的平行溝通遇到阻礙時，我**

們最常走的捷徑就是請求上司出面協調。這樣做雖然快，但後遺症不少，尤其兩造之間的關係將會越來越緊張，本來容易處理的問題也因著過去的恩怨而變得複雜，甚至這些積壓的不滿情緒，不知什麼時候會突然大爆發。萬一遇到哪位上級主管不喜歡大家找他出頭，你請他出面協調，反而會被認為溝通能力不佳，豈不是得不償失。

以ABC架構，練習如何應對不滿的同事

事實上，如果將丁廠長視為談判對象，用ABC架構來進行談判協商準備，第一步要設定的「目標」當然是「接單」，並且按時按量按規格出貨。

接下來思考「影響」策略時，首先思考丁廠長的個人溝通風格。按照案例的描述：「要求業務部門務必配合，否則後果自行負責」，非常像是「行動論者」會使用的言詞，所以在與其溝通的時候，決不能拐彎抹角、廢話一堆，並且**最後**

要用是非題的句型讓對方做決定。

而後是盤點「籌碼」，在年度策略會議中，已經將Ｙ公司列為超Ａ級的重點發展客戶，丁廠長不會不知道，所以這將是一項讓他支持接單，同意插單生產的「籌碼」。不過，如果你是丁廠長，雖然對Ｙ公司的重要性心知肚明，但每次都要「被迫」插單趕工生產，加上設備汰舊換新是年度ＫＰＩ，有著必須完成的壓力，心理一定滿是牢騷怨言。這時如果**你能多為他著想一些，幫他省一些調單調量的麻煩，不僅會降低丁廠長對你的敵意，還可能讓他欠下你的「互惠」**債。所以，不妨先從自己部門內部努力向客戶調單、調量，協調那些比較不急的客戶，空出產能。再拿著調整之後的訂單資料去與丁廠長研商，取得諒解，如此一來，是否能讓彼此的合作關係更上一層樓？

最後，進入到「氣氛」步驟，也就是語氣與說詞的整理。尊重對方的職權，可以先用前面提到的「探索」句型詢問丁廠長的意見：「在目前產能緊張的情況下，你認為怎麼處理比較好？」絕不指導或建議對方做決定，像是「我覺得將這筆訂單外包生產」「我建議動員間接人員投入加班」等「建議」的用語，往往會讓對方有種地盤被侵門踏戶的不舒服感覺。我們**頂多就只能用是非題，也就是「探索包裝建議」的句型**：「如果我們怎麼怎麼做，你覺得可以嗎？」因為丁廠長沒有理由要用兒童的心理狀態，服從你的指示，所以我們應該只用成人型的「體恤」與「探索」來引導丁廠長親口說出解決方案。而且別忘了丁廠長是「行動論者」，**在談話中一定要讓他覺得自己是老大**，比如要提醒該客戶的重要性（插單的必要性），就可以使用「相信你一定了解～～」這種句型，把面子都做給他。總之，在與丁廠長溝通協商的過程中，保持良好的對話氣氛，努力維繫雙方的友好關係，未來在工作上的合作將會更加順暢。

20 當對方提出不理性的堅持或無法達成的要求時，如何因應？

X公司業務經理小劉再度吃了M客戶的閉門羹，雖然已經有心理準備，但還是不免有些挫折感！

一個月前，小劉剛獲得X公司亞太區年度MVP以及CT產品的季度銷售冠軍，台灣分公司總經理在會議上對小劉的表現大加讚賞，並且將M客戶交給他負責，希望他能幫助公司有所突破。公司同事們都知道這是件吃力不討好的差事！M客戶是業界的指標性客戶，但過去只向X公司採購一些小儀器，大型設備與精密儀器向來都是向競爭對手P公司採購。之前曾經聽前輩說，M客戶的設備主管陳主任非常挑剔，還會提出很多無理的要求，過去曾經試用過我們的CT解決方案，結果嫌到不行，導致後續要打進去就更難了！

剛接手M客戶的時候，小劉曾經直接殺到陳主任的辦公室，半路堵到人見上了一面，也交換了名片，跟對方自我介紹，並且表明希望能夠給X公司為他們服務的機會。沒想到陳主任直接回說：「你們的東西比別人貴，服務也沒有比別人好，實在看不出給你們機會的理由。」小劉不放棄接著說：「我們的解決方案與搭配產品非常多元，一定可以找到讓你滿意的組合。而且以後由我親自為你服務，你隨時吩咐，我就來為你效勞。」陳主任又接著說：「如果有比P公司價格低二〇%的方案再來談吧！」

雖然客戶要求的折扣有點離譜，也超出了小劉的權限，但跟總經理報告時，得到了全力的支持：「放手去做，只要能夠打進去，對公司就是大功一件了！」

三天後，小劉將符合客戶要求的方案送去，沒想到陳主任竟然說：「你們公司就是這樣，價錢沒降多少，規格卻直接折半。你覺得我們適用這種陽春的基本款嗎？」

之後，陳主任就不接小劉的電話，即使到他辦公室也閉門不見。

小劉不明白他做錯了什麼？不都按照陳主任的要求做嗎？他懷疑這一切擺明

了只是要刁難我？

又吃閉門羹，該怎麼辦？

小劉是我課堂上的學員，學習態度積極認真，他在描述這個困擾自己多時的情況時，語氣中滿是疑惑與無奈。這讓我想起多年前，自己也曾遇到類似的情況，所以與他分享我當時的神奇經歷。

原來由另一個部門服務的客戶，因為不滿專案經理的服務而提出了客訴。由於這個客戶具有指標意義，所以總經理把我找去，要我接下這個專案並妥善處理，決不能放棄這個客戶。當我依約出現在他們公司大廳的時候，這位財務經理讓我足足乾等了二十分鐘，但更讓人錯愕的是，他借的會議室只預定三十分鐘，所以當我們坐進去剛開始講沒幾句話，下一場會議的人員已經在門外敲門了！

還好我先做了些準備，由其他接觸過的同事口中得知，這位財務經理不僅相當專業，個性也非常海派與強勢，滿愛講的，不太像一般在企業做財務的人。所以，**我決定一見面先不談產品或服務**。一是因為這家公司與我們往來已經三年以上，對我們的服務內容非常了解；二是既然他的專業經驗豐富，又很會講，何必在他面前班門弄斧。所以當他問我：「好啊！今天來又要介紹什麼？」我便回答說：「經理，我知道你很忙，所以今天只是來拜訪你，介紹我自己，讓你知道以後由我這邊為你服務。我們總經理很重視你的意見，而且說你的專業經驗在業內是出了名的，所以要我來跟你多學習。」他立刻接著說：「是啊！你們的同事真的應該好好訓練訓練，像那位專案經理就很糟糕，完全聽不懂我在講什麼！」繼續又接著說：「其實你們應該提供客戶……」，看到下一場會議的人已經到了，他又帶我到公司旁邊的咖啡廳繼續侃侃而談。談著談著，我發現這位經理真是位奇人，大學念的是理工科系，研究所卻轉念商，而且是大家都覺得難念的「財務管理」，只因為他覺得數字很有趣！我越聽越感興趣，他也越講越興高采烈，不知不覺二個小時過去。他有點不好意思的說：「啊呀！怎麼都是我在說呢！下次換你多說！」

注意到了嗎？**「下次」**！我們不僅有下次，還合作了好多年！甚至我換了公司，他也被調到集團的另一家公司，他一直是我的好客戶、大客戶！其實，每次與他吃飯聊天，幾乎都是他說我聽得多，我想**自己滿足了有人聽他說的需要，當然，他也滿足了我在業績上的需要**。這也是一種互利互惠，不是嗎？

聽我講到這邊，小劉豁然開朗說：「是『關係』，老師的意思是要**先建立『關係』**，對不對？」

很多人都聽過：「**沒有無理的顧客，只有懶惰的商人**。」這句話，管理大師彼得．杜拉克提醒我們在面對顧客的要求時，應該認真思考滿足顧客需求的解決方案，或許這是一個使自己突破現狀，更上一層樓的機會。所以當客戶要求我們：「為什麼你們不能這麼做？」的時候，如果你不想被稱為「懶惰的商人」，就必須改以「我們為什麼不能這麼做？」的方式來思考解決方案。但如果客戶提出這些無理的要求，只是想逼退你，讓你別再來煩他呢？

小劉是個聰明的業務人員，他知道如果**不先修復和陳主任之間的破碎關係，做再多努力也只是枉然**。所以他決定不談「產品」或「服務」，先了解陳主任的需要或難處，盡力幫助他，在他身上的「互惠帳戶」多存一些，日後自然會瓜熟蒂落。

21 對方態度不積極或表現出興趣不高時，如何繼續協商？

在一個房仲業的溝通談判課程中，幾位同學問到有關對方不積極也沒興趣談下去的問題：

「對方出價已經到了我的底線，或者這是他能接受的最高價，所以他不願意再談下去，這時我該怎麼辦？」

「我已經為對方的立場著想，但是他似乎並不領情，談下去的意願、興趣也不高，該怎麼辦？」

「這是我權限內可以給對方的最高額度，但仍然與他的期待有差距，對方表現出不打算談下去的樣子，這時候我該怎麼辦？」

這幾個問題都涉及到當對方沒有談下去的意願時，該如何讓談判繼續的課題。

讓溝通能夠繼續很重要，只要繼續談就有機會突破，最後達成共識。如果放棄溝通，可能就沒有下一次，也不會有任何成果。

卡關就換頻道

為什麼對方沒興趣談下去？會不會是我一直在講他不感興趣的事？當對方表現出不想再談下去的時候，我們首先應該思考對方打算放棄的原因，並且探索出他在乎或有興趣的事，讓他願意跟我談下去。

如果對方認為我們的價格沒有彈性，也不可能達到他的期望，為什麼還要與你白費唇舌？如果對方認為我們沒有辦法提供他想要的條件，又怎麼會願意花時間與你周旋？

所以首先不要讓對方覺得我做不到，答應不了，或是沒有辦法。也就是**別把話說絕了，更別把希望給斷了**！但你可能會想，我真的答應不了他的要求啊！而且也沒有獲得這麼大的授權……我該怎麼說？「不用說！」當然更不能答應超過你能力或權限的條件！**當我遇到對方開出的條件超越我的權限或底線時，最常用的方法就是「換頻道」**！

如果雙方談價錢談到瓶頸時，我通常會轉換場景，並且轉換話題。比如說，問對方要不要喝咖啡，而後在沖咖啡或買咖啡的時候，轉而開始聊咖啡，說不定聊著聊著就會說起，平時都沒有時間悠閒地喝咖啡，讓你意外地發現他非常希望家裡有個可以讓自己安靜放鬆的角落。又或是看到對方拿了嶄新的手機，除了稱讚這手機高貴以外，也順帶介紹有個方便好用的ＡＰＰ，說不定就讓你聽出他最近將資金挪去買股票，所以擔心拿不出足夠現金，非常需要一個融資貸款的好方案。總之，**藉由轉話題，積極傾聽對方心中真正需要、想要與在意的條件**，除了可以更完整掌握對方會感興趣的事，更可能為自己找到更多創造優勢的籌碼。

但如果對方感興趣的就是價格，而你就是達不到他心中的期望呢？

從信貸專員的工作對話中，學習談判力

銀行貸款專員小張打電話給一位申請信用貸款的客戶，通知他申請的額度已經審核通過，如果沒有問題就可以擇日撥款。不料對方在電話中回答說：「謝謝！不用了，我不申請了！」

小張立刻問：「是改用其他銀行的貸款，還是現在沒有資金的需求？」

「我改向另一家申請了，因為他們的利率比較低。」這名客戶直接了當地回答。

小張接著問：「請問是哪一家？比我們低多少呢？你可能不清楚，有些銀行利息雖然低，但是手續費很高，由於你是本行信用卡的頂級貴賓，能享有手續費減免的優惠喔！」

「不用了！我已經決定用那一家銀行的貸款，而且我在那邊有房貸，他們又是公營行庫，你們的利息再怎麼樣都不會比他們低吧！」這位客戶直接回絕了小

張的好意。

「不一定喔！我可以算給你看……」還沒等小張講完，客戶說了聲「謝謝」，就把電話掛了！

隔壁區的貸款專員小黃也正在跟一位申請信貸的客戶通電話，通知他申請的額度已經審核通過，想請問對方希望何時撥款。不料對方也在電話中回答說：「謝謝！不用了，我已經申請到了！」

小黃立刻問：「能夠請教是改用哪一家銀行的貸款呢？」

「是一家公營行庫，因為他們的利率更低。」這名客戶乾脆地回答。

小黃接著說：「**是的！能夠理解你的考慮，就利率來說，公營行庫的確會低一些。你有算過差多少錢嗎**？」

「沒有吔！反正會少一些吧！」原來客戶也沒計算過。

「**我這裡有軟體，可以幫你試算一下**。請問對方銀行跟你報的利息是多少？

手續費是多少？綁約幾年？」小黃很熱心地問。

當小黃將客戶報的相關資訊一一輸入後，立刻就將試算結果報給客戶：「你在這家公營行庫第一年要支付的利息與費用，與本行只差五千五百元。另外，由於你是本行信用卡的頂級貴賓，你知道第一次申請信用貸款可以享有三千五百元的手續費減免嗎？所以最後只差二千元喔！」

「哦！只差二千元啊！」客戶的回應，讓小黃繼續往下說：「而且，你知道銀行審核信用貸款通過撥款後，每月按時繳息繳本金，是會增加你個人的信用評等的嗎？未來在本行借貸就會更加容易，信用額度也會提高喔！」聽到電話那頭的客戶「嗯」了一聲，小黃接著用探索包裝建議的句型引導客戶：「所以，如果我們先由本行撥款，一年之後，再用對方行庫的借款繳清您在本行的信貸專戶。雖然多付二千元，但可獲得兩家銀行的信用額度，您覺得是不是會更有利？」

聽完了小黃的說明，客戶爽快地回了一句：「那就先幫我撥款吧！」

模仿運用正確的語氣

小張與小黃用的談判策略與方法有什麼不同呢？為什麼結果差這麼多？**大多數人都不喜歡被反駁**，你不理解和肯定我就算了，小張對客戶還說出：「你可能不清楚」「不一定」這類讓人感覺被否定的話，一開始就把彼此距離拉開。反觀小黃**成功的第一步就在於肯定與理解客戶選擇**，竟然還說：「是的！能夠理解你的考慮，就利率來說，公營行庫的確會低一些。」這種似乎在贊同對方的話。如果你是客戶，你覺得哪一種說法會讓你想聽下去？

前面我們曾經提到過慎選「語氣」的重要，為了達成互利雙贏的共識，我們應該多用「成人型」的「體恤」與「探索」，避免用「父母型」的「批判」或「建議」，就算對方真的不ＯＫ，沒有這方面的知識或專業，我們也應該用「探索包裝批判」或「探索包裝建議」來引導對方認可我所提的方案。古以色列國歷代君王中，被稱為「智慧之王」的所羅門王在《聖經》的〈箴言〉提醒我們「回答柔和，使怒消退；言語暴戾，觸動怒氣」，強調講話的語氣、方式往往會影響對方的回應。

談判之前，要先努力探索對方感興趣的話題或人事物。這其中還要掌握他的個人風格，才能投其所好，見招拆招，不誤觸造成衝突的地雷。

接著，**使用成人型的「探索」句型，以提問方式引導對方說出更多資訊。並且認真傾聽，同時表達理解與肯定，拉進彼此的心理距離，有助於建立良好的關係**。

最後，努力找出讓雙方都互蒙其利的目標，形成共識，絕不輕言放棄溝通。就像是小黃在言語上給客戶一種「我們是同一陣線」「我為你著想」的印象，而且幫客戶試算，為客戶爭取，事實上也達成自己的業績目標，達成互利雙贏的美好成果。

22 面對疫情升級，如何透過談判化被動為主動？

每當COVID-19疫情升溫，政府公告防疫措施升級且限制群聚時，我的手機裡就滿是管理顧問公司通知課程將延期或暫停的訊息。有次，一位為我代理課程的管顧合作伙伴問我：「如何跟客戶談判，讓對方同意不延期，而且願意改用視訊直播的方式上課？」課程延期將直接導致該筆營收無法在原本的月分實現，這不僅造成機會成本增加，也因時間有限，將會對新簽課程或專案產生排擠效應，管顧公司與老師都將面臨不小的損失。問題是，疫情屬於不可抗力的因素，一旦發生，大家不只無力阻止，也不能要求客戶違約賠償，似乎只能聽天由命、面對損失。

企業舉辦的培訓課程與學校上課最大的不同之處就是「必要性」。學校為了要在學期結束前，審核成績並授予學位，同時也必須維護學生的受教權不得因疫情而中斷，所以必須改為線上教學。然而，企業卻不是！除了一些想爭取晉升資格就必須修習的課程之外，大部分的企業培訓課程都是非必要性的。因此，一旦疫情加劇，政府要求停止群聚，或者企業採取分流上班時，這些非必要性的課程勢必首當其衝，面臨延期或暫停。管顧合作伙伴想化被動為主動，看來並不容易，當然也並非不可能。

我在前文中不只一次強調，**談判成功的關鍵在於我們必須先看見對方的需要，如此才能找到對方心目中高價值的籌碼，有效影響對方的決策，談出互利雙贏的共識**。所以我問這位伙伴：「你認為客戶在這個決策中，會考慮、在意或重視什麼？」

他沉思了幾秒後，很有把握地說：「預算與績效！」

的確，在我從事企業培訓工作的經驗中，負責培訓的主管總是有很多很棒的規畫與想法，但預算總是有限，必須有所取捨。更何況好不容易從公司爭取到的預算，如果不善加運用，或是因故沒有使用，這筆預算很有可能會被刪除。

更麻煩的是培訓的績效本來就不易在短時間內呈現。如果改成直播上課，學習效果會不會打折扣？或者是若學員不習慣這種學習模式，在課後問卷中填寫負面回饋的話，這極有可能在推動其他培訓課程時，面對更大的阻力。

審視了以上的背景和情境之後，接著便按照本書的「ＡＢＣ三要件」來整理談判計畫：

一、可能造成互利雙贏的目標（Aim）是什麼？

由於疫情升溫，政府明令禁止群聚，導致企業員工不得聚集培訓。這種情況不僅管顧公司與講師不想遇到，企業培訓部門也不願見到原定計畫被硬生生打亂，雙方都是疫情影響下的受害者，共同目標就是按原定計畫實施課程。問題是如何實施？

就管顧與講師的角度看，最好的方案當然就是將課程改為視訊直播授課，而且按原定時間舉辦，如此一來不會因為延期而損失當期收入，並排擠後續課程。但從客戶的角度看呢？按原計畫時間但改採直播方式上課，是變動最少的方案，而且也能大幅降低後續再遇到不可抗力因素導致取消，甚至預算被縮減的風險。如此看來，按照原定時間改為連線直播授課，對雙方都是最佳方案。接下來的問題就是要降低客戶疑慮，讓對方對成效放心，有信心改用視訊直播方式上課。

二、能夠影響（Bias）客戶的策略有的哪些？

既然客戶在乎的是「預算」與「績效」，我們推薦給客戶的方案，就必須在不增加客戶預算的前提下，又能讓客戶對學習成效有信心。如何讓客戶對直播課程的績效有信心呢？

按照前面所提，欲讓對方感動相信，進而接受你的提議，必須靈活運用三種「影響策略」——「信譽」「互惠」「勸說」。在本次談判中，應將重點擺在

「信譽」中的「專業」與「經驗」，以強化說服力。由於二〇〇四年北京一家出版社曾邀請我拍攝教學影片，我因此學會如何面對鏡頭授課；二〇一〇年起，海峽兩岸陸續有客戶要求我為其訂製線上課程，甚至希望我教導企業內部講師，如何製作線上課程，累積了不少實際經驗與成功實例。所以我立刻整理手中留存的影片，並且用會議軟體拍攝模擬直播課程的示範短片，提供給管顧伙伴交給客戶「鑑賞」，畢竟眼見為憑嘛！

此外，我特別安排與客戶的相關決策主管進行視訊會議，實際示範如何利用視訊直播方式授課，讓客戶親身體驗，並且演練運用網路通訊工具，來進行分組討論與小組競賽，讓客戶對於直播課程效果不如實體授課的疑慮降低甚至消除，真正放心接受改成以線上直播上課。

再者以「互惠」來強化對方接受提議的意願。後來這位管顧伙伴就幫客戶向我爭取為其免費拍攝三分鐘的課程說明影片，提高學員的學習意願，並且為線上直播的模式做準備。當然，互惠的條件則是客戶改成線上直播的時間必須在同一月分，如此才能避免延期遇疫情起伏而產生變數。

當然也可以運用「勸說」策略，以SPIN的架構來整理說詞。先提醒對方延期會造成的問題，如：「一旦延期又遇到疫情反覆會不會導致課程無法舉辦？」「如果延期是否會排擠後面的課程安排？」「今年若無法舉辦，是否會導致預算縮編？」接著，再暗示對方改成直播之後對他以及公司的好處：「如果有方法讓課程如期舉行，又不會降低學習成效，是否可以解決您的問題？」最後帶出：「如果請授課老師改用視訊直播的方式授課，又能保證學習成效的話，您覺得可以嗎？」

三、為了維繫互信的氣氛（Climate）要注意的點是？

最後要提醒的是用語或語氣。我在課堂上總是不厭其煩地提醒，要避免「批判」或「建議」等父母型的語氣，一定要使用成人型的「體恤」與「探索」。正如同前段所述的勸說語句都是探索型的問句，千萬要避免讓對方覺得你是在建議，甚至逼迫他，最安全的方式就是用問句來引導。當然，還要注意觀察客戶方中，擁有較大決策權的權益關係人，他們的個人溝通風格是屬於「行動」「分析」「直觀」，還是「人際」，注意不要觸及對方的地雷。

各位應該可以猜到這位管顧伙伴與客戶商談的結果了吧！的確，在疫情期間，他是少數讓我課程沒有延期的代理商，而且也是累積最多直播課程成功經驗的合作伙伴。

要在不可抗力因素的干擾下，化被動為主動的確是可能的！但必須先看到對方的需要，理解對方的想法。疫情爆發導致停止群聚，影響了經濟與生活，這是任誰都不想遇到的。既然你我都是受害者，這病毒就是我們的共同敵人，一起努力找出最佳替代方案就是我們的共同目標。**再糟的環境，再多的變數，只要我們願意聽聽對方的想法和需要，就一定可以談出互利雙贏的共識**。

後記／感謝疫情催生本書！

如果不是因為COVID-19的疫情造成授課量大幅減少，讓我有時間與大大學院合作錄製談判課程，就不會有此機緣應先覺出版社的邀請出版本書，更無法得空在短時間寫出五萬多字的內容。

塞翁失馬，焉知非福！苦難原是化妝的祝福！這次在疫情起伏中順利完成本書，對這二句話深有所感。如果僅以有限思維來看待疫情升級，導致課程取消、收入減少，眼前所見盡是損失；若以無限賽局的思維看待，才能對將來可能來臨的祝福充滿期待。

談判本是無限賽局，談完這局的得失遠遠不如長久關係來得重要，這是我在這本書裡積極想要傳達給您的訊息。

在COVID-19肆虐全球，疫情反覆不定的「VUCA」時代，各種談判協商的情境也一樣是易變（volatility）、不確定（uncertainty）、複雜（complexity）、模糊（ambiguity），如果想要扭轉局勢，化被動為主動，就必須要有跳脫輸贏、極端二選一的思考模式，因人因地制宜，隨機應變，彈性調整。

由於疫情影響，許多人在家辦公，或因無法出差需使用視訊會議方式進行談判協商。常有同學問我：「視訊會議與一般面對面的談判技巧是否不同？」

當然不同！視訊會議發言要看鏡頭而不是看對方的眼睛！

相信開過視訊會議的人都有這樣的經驗，**遠端與會者的眼神總是偏向下方**，這是因為電腦或手機的鏡頭往往都在螢幕的上方，如果眼睛盯著螢幕看，當然眼神會偏，這是和面對面談話最不同的地方。我們比較習慣講話時要與對方眼神交會，尤其是要說服對方時，定睛看著對方往往是很重要的技巧，不僅可以吸引對方注意，而且可以給予壓力，促其做出決定。但是視訊會議透過鏡頭傳輸影像就不同了，**我們必須盯著鏡頭看，遠端的與會者才會從畫面中感覺你在看他**，但這樣一來又有可能錯失對方在聽你講話時的微表情。所以我一般都建議大家以視訊會議進行談判協商的時候，除了自己講話時一定要看鏡頭之外，**還要安排一位「伙伴」專門監看對方的表情，拆解言外之意**，如此才能讓視訊會議接近面對面溝通的優點發揮出來。

環境在變，溝通方式在變，當然我們的因應方式也要跟著改變。然而，不變的原則與實用的工具必須熟悉，如此才能使您在多變的情勢下，掌握不變的成功法則。所以在撰寫本書時，除了為您整理出簡單易用的工具，讓您輕鬆上手之外，也藉由實際案例幫助您理解面對不同情境時，如何活用這些工具、步驟、方法。既然如此，就像我在課堂上常常提醒同學們的：

「沒有用就沒有用**！**」

當您看完本書，其中介紹的內容必須立即試用、實用，有用才有用，沒用就沒用，用了才知道有沒有用，好用不好用，您說是嗎？

雖然我們不能透過談判阻止疫情，但卻可運用談判找出互利雙贏的新方案，建立互惠合作的關係，在這無限賽局中擴大影響、凝聚共識，說不定，我們可以改變世界！

溝通對象		
想要解決的問題		
我希望達成的結果		
對方希望的結果		
雙方的共同目標（Aim）		
最佳替代方案（BATNA）		
影響說服的策略（Bias）	對方風格	
影響說服的策略（Bias）	說服對方的要點	
影響說服的策略（Bias）	策略選擇	
影響說服的策略（Bias）	籌碼運用	
保持良好的氣氛（Climate）	與對方和諧相處的要點	
保持良好的氣氛（Climate）	使用的語氣與話術	（體恤理解） （互利目標） （肯定推崇） （探索提問）

附錄／**ABC談判架構工具表** ※填寫方式請參考P.161

Eurasian Publishing Group
圓神出版事業機構
用心與你對話・視野無限寬廣
先覺出版社
Prophet Press
www.booklife.com.tw
reader@mail.eurasian.com.tw
商戰 212
談判是無限賽局：上千企業指定名師教你創造長久利益的123法則
作　　者／李思恩
發 行 人／簡志忠
出 版 者／先覺出版股份有限公司
地　　址／臺北市南京東路四段50號6樓之1
電　　話／（02）2579-6600・2579-8800・2570-3939
傳　　真／（02）2579-0338・2577-3220・2570-3636
總 編 輯／陳秋月
資深主編／李宛蓁
專案企畫／尉遲佩文
責任編輯／林亞萱
校　　對／林淑鈴・林亞萱
美術編輯／蔡惠如
行銷企畫／陳禹伶・黃惟儂
印務統籌／劉鳳剛・高榮祥
監　　印／高榮祥
排　　版／杜易蓉
經 銷 商／叩應股份有限公司
郵撥帳號／18707239
法律顧問／圓神出版事業機構法律顧問蕭雄淋律師
印　　刷／祥峰印刷廠
2021年7月　初版
2021年7月　2刷
定價 340 元　ISBN 978-986-134-388-4

專家難免跌跤，新手也能成功。
在談判中，徹底成功不是個合理的目標。
你的目標應該是鍛鍊自己的能力，
讓自己在多數時間裡都能做出更好的決定。

——《頂尖名校必修的理性談判課》

國家圖書館出版品預行編目資料

談判是無限賽局：上千企業指定名師教你創造長久利益的 123 法則／
李思恩 作 . -- 初版 . -- 臺北市：先覺，2021.07
240 面；14.8×20.8 公分 --（商戰；212）

ISBN 978-986-134-388-4（平裝）

1. 談判　2. 談判策略

177.4　　110008176